阅读变现

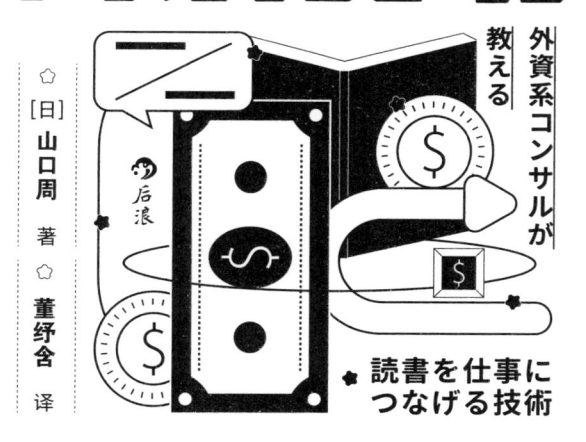

[日]山口周 著
董纾含 译

外資系コンサルが教える
読書を仕事につなげる技術

廣东旅游出版社
中国·广州

在当今这样一个书籍泛滥的时代，

人们一个劲儿地烦恼该读什么，

但至多不过收获些时下流行的书名罢了。

那么不如深挖一本真正喜爱的书，

苦下功夫去阅读它，

这岂不是更聪明的做法吗？

小林秀雄《关于读书》

前　言

所有的一切，都通过"自学"获得

撰写本书，是为了将我至今通过实践所获得的"读书与工作相联系的方法"传授给那些"虽然也算读了一些书，但总感觉自己无法将从书本中获得的知识和感性活用到工作中"的人们。

我20多岁时入职大型的广告公司，30多岁入职外资系战略咨询公司，年过40，则进入了专攻组织开发的外资系咨询公司工作。此外，我从35岁左右开始，便以教员、讲师的身份在日本GLOBIS等各类教育机构、商学院授课。

我虽然有这样的工作经历，但其实从来没有在商学院系统地学习过经营学。我所掌握的一切知识都是自学获得的。

我在大学及研究生时期所学的是美术史。什么是美术史呢？其实美术史这门学问，研究的就是音乐、绘画、雕刻等艺术在历史上是如何演变的，以及这种变化和人类、社会的变化有着怎样的关联性。我想，它恐怕可以和哲学并列称为"与商务最无关联性的学科"了吧。

我一直以来都在钻研美术史，几乎没有接受过任何有关经营学的正式教育。那么，像我这样一个人，却在20多岁时进入广告公司工作，制作针对顾客的销售策略，在30岁时又为各大企业策划并制定经营战略，至今，还帮助日本的一些具有代表性的大企业进行组织开发工作。从旁观者的角度来看，这的确十分奇特。

话虽如此，一般在外资系咨询公司就职的人大多持有MBA经营学的学位，或至少大部分人都具备经济学或工学这一类比较实用的知识。

迄今为止，我已经和众多咨询顾问一起共事过。但还从未见到过大学及研究生时期都专攻美术史，并且还没有读过MBA、从事过的工作与这一行业相去甚远的人。

可以说，**我走过一段"距离商务人士很遥远"的路，但却在咨询顾问这一行工作了十年以上，这都是因为我通过"读书"学到了知识。**

说起来，那些有价值的内容，我全都是通过自学掌握的。

因提出进化论而颠覆了全世界认知的达尔文如是说。而这句话也完全能够表达我的想法。

反过来讲，无论去多么好的学校，接受多么好的教育，倘若不能通过书本持续学习知识，那么知识生产就很难作为一项职业，在这世上展现出其价值。

是否能够与工作构成联系，关键还要看"读后"

那么，在通过读书自学的行为中，什么才是区分"知识生产力"的关键呢？

很多人经常会有一种误解，认为"阅读量最为重要"。的确，如果没有读够一定量的书，应该很难发挥出高级的知识生产力吧？古今中外都有大量"关于读书的名言警句"，其中强调"阅读量有多么重要"的名言可不在少数。

但我认为"阅读量是必要条件，但却不是充分条件"。就算是在一个所有成员都拥有相当阅读量的群体之中，人和人之间的知识生产力仍然具有很大差别，这是为什么呢？

我们先说结论吧，当你想要将通过读书获得的知识和感悟活用到工作中时，重点其实在"读后"。

通过读书获得知识，就好比厨师为料理而进行备菜。但是没有哪个厨师会把准备好的食材直接端给食客的，对吧？

厨师们会将准备好的食材收进冷库，然后根据客人的需求去组合不同食材，料理出美味的菜品。

从事知识生产工作的商务人士也是一样，**他们要做的，就是将从各种书籍中获取的知识贮藏起来，并依据不同的需求，将这些知识进行组合，从而生产出知识性的成果。**

"虽然也算读了一些书，但却至今没能将其与工作连接起来"，对于这类人来说，问题并没出在"备菜量"上，而是出在"备完菜后"。也就是说，问题出在信息的整理、贮藏的方式，以及根据工作的具体情况去组合信息的能力。因此，相较于"阅读量"，"读后"反而成了问题的关键。

那么，就让我通过本书，为大家详细阐释解决这一问题的具体方法吧。

山口周

目 录

第一章 "阅读与工作相联系"的六大原则
- 原则1 为收获成果而必须阅读的"两种书" 3
- 原则2 一本书,读两成就够了 6
- 原则3 把读书想象成"投资股票" 9
- 原则4 阅读,要以"遗忘"为前提 12
- 原则5 读5本书,不如"一本书读5遍" 15
- 原则6 减少阅读中的"闲置时间" 20

第二章 商务类书籍×读些什么?
- 01 不懂经营学的企业顾问 25
- 02 真正必读的71本"商务书籍曼陀罗" 28
- 03 "解读古经典籍的书籍"无法代替"古经典籍" 30
- 04 新出版的商务书籍有九成都是"××书" 32
- 05 不读畅销类书籍 34

第三章　商务类书籍 × 怎么读？

01 不要做摘抄和读书笔记　39

02 读到"不懂之处"就跳过去10页吧　42

03 "商务书籍曼陀罗"应该按照"从中心向外沿"的顺序去阅读　44

04 只读过迈克尔·波特就不要妄言竞争战略理论了　46

05 先读"曼陀罗中心"，为自己描画人生战略　48

06 我决定从电通公司辞职的理由　52

07 30～40岁这一代的人，需要深入到曼陀罗的第二层　55

第四章　通识类书籍 × 读些什么？

01 通识类书籍对工作中的疑难问题很有效　61

02 九成的普通人和一成能得出成果的人之间有什么差别？　64

03 该读些什么？通识类书籍分7类　67

04 首先，从"传统好书"和"有趣的书"开始吧　71

05 检查自己和一本书是否合拍的方法　74

06 输入方式和他人不同，能够促使差异化的产生　76

07 以"短期视角"阅读通识类书籍即可　78

08 "其中都有些什么"，这样的感觉十分重要　81

09 以"做自己的制作人"的态度去决定主题　84

10 阅读帮我们认知自我　88

11 以成为"知识的巨人"为目标，效率是极低的　90

第五章　通识类书籍×怎么读？

01　即便是有益的书，只是读过并不能和工作产生关联　95

02　将知识与工作成果相关联的办法　98

03　无法"抽象化"，只是博识而已　100

04　打造一个忘了也没关系的"机制"吧　103

05　把书当成"笔记"尽情书写　106

06　画线的三个工具：红笔、油性彩铅笔、荧光记号笔　108

07　咨询顾问的"三遍"阅读术　112

08　第一遍　画线——将比较在意的文字部分整体画线　114

09　第二遍　选择5个选项——确定画线部分的先后顺序　118

10　第三遍　摘抄——写下关于工作的"提示与启发"　121

11　第三遍　摘抄——用"印象笔记"摘抄是最强选择　125

12　第三遍　摘抄——为"鱼笼"设定一个主题　129

13　重复阅读很多、很多遍　132

第六章　"在书店散步"的技术

01　在书店的那些"不认识的书架"附近闲逛　137

02　看看"最喜欢的书目"周围的书架　141

03　不要受"书架分类"的限制　143

04　名人传记和"我的履历书"都是宝藏　145

第七章　通过"书架"连接阅读与工作

01　读过的书和读到一半的书"不可混合，十分危险！"　151

02　读到一半的书越积越多，聚沙成塔　153

03　"书塔"→书包→书架/废弃品收纳纸箱　155

04　"空隙"或许会为你带来"命中注定的那一本书"　158

05　别让书架成为"死火山"，要让它做个"休眠火山"　160

06　不要按照开本大小，而是要分门别类去设置你的"书架"　164

07　改变创意从改变书架的排列顺序开始　167

特别附录　只读这些就可以！商务图书曼陀罗　173

第一章

"阅读与工作相联系"的六大原则

原则 1 | **为收获成果而必须阅读的"两种书"**

我认为，如果一位商务人士想要提高可持续的、高级知识生产力，那么就应该读以下两种书。

首先，扎实地阅读商务类书籍中的"名著"，也就是去读那些能够为商务人士塑造基本体力的书。**其次，阅读通识类书籍**，或者说通识类的相关书籍，也就是去读那些能够为商务人士塑造个性的书。

本书将针对这两类书籍，和大家分享"读什么"和"怎样读"。

商务书是"常规演技"，通识书是"自由演技"

我选择这样两类书的具体理由会在后文再作解释。这里先简单地说明一下吧，原因是：只有当这两类书聚在一起时，才能够产生"拥有某一个人特性的知识成果"。

阅读商务书中的名著当然很有必要，但不是说只读名著就足够了。商务名著就好比"常规演技"一样，如果没有掌握这些基础，就毋谈后续了。但只是知道这些，却很难比其他人更胜一筹。尤其是，等级越高的集团，越会认为掌握这些商务书的知识是"理所当然的事情"，因此它们很难成为你优于他人的资本。

那么，此时就要用到与通识相关的知识，也就是所谓的"自由演技"了。将它与商务类的相关知识组合起来，就合成了"拥有某一个人特性的知识成果"。当然，如果在没有商务基础知识的状态下，只掌握了通识类的知识，这种情况也很难在商务领域创造出知识生产力。

也就是说，阅读商务类书籍和通识类书籍，这二者需要双管齐下，这样才能为"拥有某一个人特性的知识成果"的产出做贡献。此处我们必须注意的是，这两类书的阅读方法是截然不同的。

"狭窄深奥"与"宽泛浅显"

商务类书籍的阅读方法基本就是反复阅读名著，不要去记笔记。**商务类书籍的阅读特点就是"狭窄而深奥"。**

而通识类书籍的阅读方法基本来说就是随心所欲地广泛阅读大量书籍，并且阅读时需要记读书笔记。**通识类书籍的阅读特点就是"宽泛浅显"。**

为什么需要用"不同的阅读方法"去读这两类书呢？

简单来说，理由就在于：商务类书籍的传统书目及名著其实并不多。基本上只要把这几本书吃透，那么大部分场合也就够用了。在狭窄的范围内反复阅读也可以避免遗忘掉书的内容，而书中所写的也直接与针对商务所作的指点、启发相联系。因此，我们为了"在阅读时思考并将其记在脑中"而做的读书笔记，在阅读这类书籍时就没有必要了。

而通识类相关书籍却和商务书完全相反。虽然它们同样也有一些固定的传统书目及名著，但是因为通识类书籍的分类太过多样化，所以我们不可能把所有的名著都读完。而且这类书中也不见得一定会出现商务方面的指点与启发，大多数情况下，在阅读一本通识类书籍的时候，我们很难当场认识到这本书能在商务方面发挥怎样的作用。因此，为了方便我们之后再去反思和参考，在阅读这类书时就有必要写读书笔记了。

原则2 | 一本书，读两成就够了

大多数人在开始读一本书的时候，总是倾向于坚持把它从头读到尾。但这种做法的效率其实非常低。

不知大家是否听说过"帕累托法则"呢？

这个法则本是由意大利的经济学者帕累托提出的，所以冠上了他的名字。简单概括，这个法则告诉我们"在各种各样的领域内，80%的结果是从整体的20%之中产生的"。

这条"帕累托法则"其实也适用于阅读大多数书籍。也就是说，从一本书中所得到的80%的知识，其实都来自于全书20%的内容。因此，想要高效地阅读并收获知识，一个极大的关键就是要看我们如何找出书中这20%的精华部分了。

先说结论吧，想要找出精华部分，当然需要把书整个读一遍，但此处有一个要点，就是要"一带而过地跳读全书"。

一段的开头倘若没有令人心动，就果断跳过

接下来，我们谈谈这找出20%精华部分的方法。

首先，最重要的一件事就是"阅读目录"。阅读目录时，如果发现其中有"总论"或"结论"等总结性文字的章节，那么就先从这里读起。假设一本书总共分为十个章节，那么把这"作总结的一章"从头读到尾，其实也只读了全书的10%而已。

有不少书都能通过这样的方式从整体中汲取精华部分。例如，前段时间掀起讨论的哲学家汉娜·阿伦特写的一本《艾希曼在耶路撒冷》。本书主要讲述了审判虐杀犹太人的主导者——纳粹战犯艾希曼的全过程，而汉娜·阿伦特在旁听席记录了这些内容。本书的大部分内容都是对审判的详细记录及感想，而阿伦特本人主张的精华部分则收录于卷末。阅读这类书时，可以先从结论部分阅读。

还有一类情况也不在少数。那就是找到了看似是总结的章节开始阅读，却发现其中并没有写什么"总结"类的东西，这时应该怎样做呢？

遇到这种情况就翻到目录部分，找出"看上去最有趣"的一章，从最吸引自己的部分开始读。不过要注意"不要从这一章的第一句开始一字一句地阅读，而是只读每一段开头的那句话"。如果用这种方法阅读，那么读完一章也就只需要花个几分钟。

使用这种方法读过之后，如果还觉得有趣，就可以进一步阅

读一整章。如果觉得无趣，那就再回到目录部分，选择看上去比较有趣的章节，再次粗略地从"开头的一句话"读起。这时候，就不必再思考"有趣还是无趣"了。重要的是你是否认为"读了段落开头的第一句话，就必须继续阅读下去，跳着去阅读内容实在太可惜了"。因此，其实不必**钻牛角尖地思考"读，还是不读？"**，只要按照自己的感觉去阅读就可以了。

通过这样的方法阅读数个章节（我大概至多会阅读3～4章）的段落开头部分后，如果还是没有引起我们太大的兴趣，那么就可以判断这本书不必再继续阅读了。也就是说，倘若没有找到一本书的"在最初阶段必读的那两成内容"，那就意味着这本书根本不必阅读了。

当然，从一本书的第一句一字不落一直读到最后，有可能从中收获"珍贵的一句话"。但若按照我在上文中提到的方法，恐怕就有可能会漏掉。

可是，为了找这"珍贵的一句话"于是把整本书全读了个遍，这样的做法永远都无法提高读书的性价比。倘若你是一个有着大把时间的闲人也就罢了，但对于大多数商务人士来说，时间本就是最珍贵的资源。因此，"只读精华的那两成，其他先舍弃"的阅读方法是十分有效的。

原则3 把读书想象成"投资股票"

一本书不用全读完,而应基本遵循"选读""跳读",只在例外情况下才全部读完。对于我的这种理论,或许会有不少人持反对意见,觉得如此读书"太浪费了"吧。毕竟难得买了本书却不把它全部读完,这实在是有些浪费。

这种态度我其实也是理解的,但我要反驳一句:"在对工作毫无帮助的书上投入珍贵的时间,这不是更加浪费吗?"话说回来,我们其实并不应该将读书当成一种消费行为,而应该将其当成一种"投资行为"。我们之所以觉得书读到一半就扔的做法很浪费,其实就是因为将读书当成了一种消费行为。

的确,花钱买了一份冰淇淋,结果吃到一半就扔了的话,会给人一种浪费的感觉。然而,读书其实本就不是消费行为,而是投资行为。投资的本钱,就是为购书所花费的金钱和时间。而它回报给你的，则是一些非经济型的报答，如知识和感动，以及一些经济型的报答，如工作上的好评与晋升、加薪。

"机会难得，所以要全部读完"，这种想法是在浪费投入

此处有一个关键点，那就是**我们将读书当作一种投资行为，而这最大的投入就是"我们的时间。"** 也就是说，读书这种投资行为，其实就是我们投资了时间，并据此会收到一定的利益。"难得买了一本书，没全读完就是一种浪费"，这样想的人，其实就是在浪费自己的稀有资源——时间。对于我来说，选择这样做真的很浪费，但是他们却对此不以为意。

已经投入的金钱因为各种恶劣影响波及到了意志及决断，这在财务会计领域可以解释为"沉没成本"。

例如，方案 A 和方案 B，双方都面临不追加投资就很难再推进下去的困境。这时候，两者已经投入金钱的多寡，就会极大地影响追加投资的意向。假如迄今为止已经为方案 A 投入了大笔金额，而方案 B 却没有投入那么多，大部分人都会倾向于选择为方案 A 追加投资。

其实，本来应该做的是去预估方案 A 和 B 在追加投资之后的回报值，冷静透彻地分析之后，再去决定为哪一个方案做追加投资，但是人们都会被已投入金钱的多寡带偏思路。

同样的，这种偏颇也时常体现在读书上。

正如我在原则2中所述，读书的基本原则就是"跳读"。值得阅读的部分如果只有一页，那就只读这一页，接下来读别的书就好。不论是对300日元的文库本，还是1万日元的精装书，都应该做到一视同仁。

读书，就是付出我们有限的时间和金钱去投资，从中获得丰厚的人生回馈的一种投资行为。最关键的地方在于投入的时间和获得的回馈之间的平衡。因此，**当你判断出在此基础上再投入更多时间，也无法更多地获得回馈时，你就该和手中的书说再见了。**

原则4 | 阅读，
要以"遗忘"为前提

前文已经提到过，只是读书并不能获得成果。即便我们读了很多书，吸收了大量的、优质的信息，如果不能将所获取的这些东西配合知识生产力而活用，也就没有意义了。因此，如何高效地"贮藏"获取的信息，并灵活运用，这一点非常重要。

此处有一个要点，就是**"不要依赖记忆"**。一听到"贮藏获取的信息"这句话，大多数人想到的都是"将所获取的信息记在脑子里"吧。但这其实是一个天大的误会。只依赖头脑中的记忆去进行知识生产，你的输出能力会变得非常孱弱。

当然，回望历史，的确存在圣托马斯·阿奎那[①]和南方熊楠

[①] 欧洲中世纪经院派哲学家和神学家。被天主教会认为是史上最伟大的神学家。自然神学最早的提倡者之一，也是托马斯主义的创立者。代表作《神学大全》。——译者注

这样的"知识的巨人"。这些人的学识之渊博，简直令人怀疑他们是不是将整个图书馆全都记在了头脑之中。毋庸置疑，他们所创造的知识生产成果的质量与数额，都是靠着庞大的记忆，也就是"脑内的知识储备"支撑起来的。

然而，依靠这种记忆力进行知识生产的方式，对于"普通的"商务人士来说实在是难以做到。当然，我本人也同样无法做到。

不要依靠记忆力

那么，不依靠记忆力的话，我们又该如何去贮藏信息呢？

请尝试将信息想象成"鱼"，将世界想象成"海"。从书本中获取信息，然后将这些信息记在大脑中，其实就是从世界这片海"钓"到了象征信息的鱼，并将它放进了大脑这样一个小冰箱。如果只做暂时保存，那这种方法确实可以轻松地随用随取。然而，能够贮藏在冰箱中的材料，种类和数量都是有限的。最终，通过这些材料烹饪出来的菜品，也就是知识生产物既没有发散性也毫不新颖。单纯依赖脑内贮藏的知识生产材料，是很难针对不同工作，灵活机动地进行知识生产活动的。

制造信息"鱼笼"吧！

那么，钓上来的鱼该如何处理呢？

我推荐大家这样一个方法：制造一个鱼笼，将代表着信息的鱼投入其中饲养起来。

在世界这片海洋中，选取最必要的鱼，也就是信息。在鱼儿们"还活着的状态"下，把它们放进在海洋之中制作出的一个虚拟鱼笼之中，让它们自由游动，按需捞取。具体来说，即把自己认为比较重要的点，以电子资料的形式保存下来。因为一些必要的信息已经放置到"鱼笼"中了，所以不用事无巨细地全记到脑子里。也就是说，**你可以放心地去遗忘。**

其实，这种方法虽由于数字与模拟而不同，但却和梅棹忠夫在其所作知识生产方面的名著《智识的生产技术》中所提出的方法完全相同。

那么，为了能让知识生产的"料理"行之有效、使用顺畅且材料丰富，我们该如何制作"鱼笼"呢？相关办法，我将在第五章中做详细阐述。

原则5　读5本书，不如"一本书读5遍"

一般情况下，**大家通常认为，一个人爱读书，那就意味着他会读大量的、类型庞杂的书。但其实，如果你是出于个人趣味去读书，那么这种读书方法还是可行的，但是这一点对从事知识生产的人来说却没什么用。原因很简单，只读一遍肯定会忘记。**

大家周围有没有这种人呢？就是看上去好像读过很多书的样子，但是谈吐之间却完全感受不到什么通识的那种人。

我敢打赌，这类人应该都属于"读过很多书，但是都只读了一遍"的类型。这种"宽泛浅略的阅读行为"无论重复多少回，都无法提升知识的贮藏量。真正重要的是找到一本能让人想重复去读的深度好书，然后再一遍一遍地去仔细阅读它。那么，我们应该如何寻找到这种"有阅读价值的书"呢？答案很简单，就是"简略阅读大量书籍"。

采取"T字型读书法"

或许你会想：什么嘛！这不还是需要读很多很多书吗？事实虽是如此，但是请注意，在这里，"宽泛浅略地阅读"本身并不是目的，而是手段。也就是说，我们是为了找到一本能让人想重复去读的深度好书，所以宽泛浅略地快速浏览大量书籍，而并不是"宽泛浅略地随手翻阅"。如果在宽泛浅略的浏览过程中，找到了那本"有价值的书"，那么就要紧抓这本深入钻研。这就是所谓的：**只有通过"T字型读书法"，才能增加知识储备的厚度。**

或许，你可以回顾一下自身的读书经历，是否曾经太"宽泛浅略"呢？不过话又说回来，这种陷阱，大多数人都曾经跌进去过。我自己也曾经在某个时期掉入过这个陷阱。

当初，我从广告公司转职到咨询公司时，也曾经选择了"宽泛浅略的读书方法"。我在大学和研究生时期专攻美术史，对经营学几乎一无所知，所以我把一般商学院会使用的经典书籍约100册全部读完。

在那两年之内，只经营学类的书籍我就读了差不多有200册。结果自然是超级失败。正如我在前文中所说，只是把一本书的内容浏览一遍，并无法让知识在一个人心中扎根。如果只浏览一遍就能记住一本书的内容，那只能说明这本书写得太过简单了。

📖 **宽泛浅略的读书法，T字型读书法**

❌ 宽泛浅略，阅读多个领域的书籍。

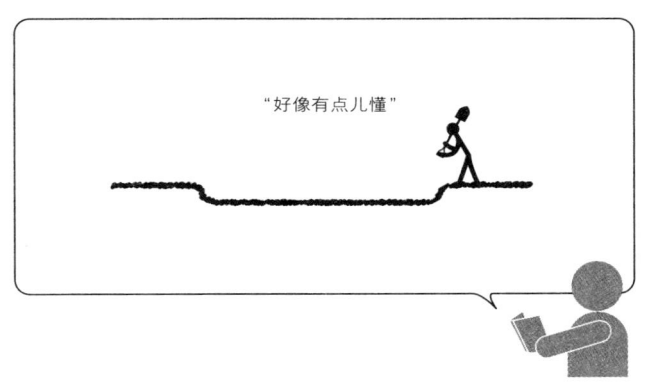

"好像有点儿懂"

⭕ 深挖一本好书去精读

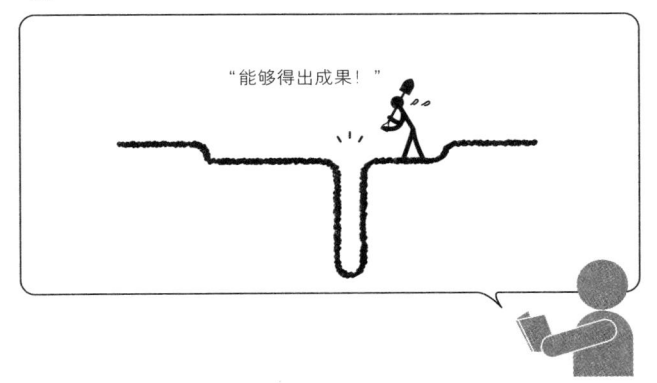

"能够得出成果！"

我们所需采取的读书方法，应该是反复咀嚼消化一本有深度的书籍。只有这样做，才有可能提高我们在知识生产方面的基础体力。那些只把一本书读一遍就觉得"啊，彻底懂了"，然后再用同样的方式不断读新书的人，需要多加留意。因为这种读书方式最终只会把你塑造成一个毫无涵养、只会说"这个好像在哪儿听过"的浅薄之人。

用半年时间，坚持只读同一本书

有些人会不断重复深入地阅读同一本书，并进行着新奇特殊的知识生产。其中具有代表性的人物就是阿伦·凯伊（Alan Curtis Kay）[2]。凯伊是历史上第一个提出在人们进行个人化知识生产时所使用的电脑，也就是"个人电脑"这个概念的人物。他提出这一概念是在20世纪70年代。

当时的电脑都是由政府机关或大型银行等组织重金投资购买的，电脑也由组织成员共同使用，这在当时是常识。从这一点，我们就能看出阿伦·凯伊的思想是多么具有前瞻性了。

说到这儿，阿伦·凯伊在谈及自己如何想到个人电脑这样一

---

[2] Alan Curtis Kay，美国计算机科学家，在面向对象编程和窗口式图形用户界面方面作出了先驱性贡献，他是Smalltalk的最初设计者。2003年获得图灵奖。——译者注

个概念的时候，提到了一本书。那就是马歇尔·麦克卢汉[3]的作品《谷登堡星汉璀璨》。这本书恐怕很难理解，或者说无法理解吧，我自身也挑战过无数次，但说句实话，我并没太懂他想要说什么，表达些什么，所以次次都是铩羽而归。然而阿伦·凯伊没做特别的事，只是花了半年时间反复阅读了这本难懂的书，最终得到了天启——"电脑最终的形态会更加接近媒体，而非计算机"。

整整半年时间什么都不做，一门心思只读一本书。或许你会觉得只有专职研究类的工作才有这种特权吧？（注：凯伊当时是隶属于全录公司帕洛阿尔托研究所的一名研究员），但是我之所以举这件事为例，是因为它其实是一个展现知识生产和深入读书之间关系的好例子。

一提到读书术，我们大多数人可能期待听到的都是那种"能立即高效读完很多书"的技术。但我认为，其实这种立即读完很多书的方法并不能为你增加知识生产方面的体力。

---

[3] Herbert Marshall McLuhan，加拿大著名哲学家及教育家，曾在大学教授英国文学、文学批判及传播理论，也是现代传播理论的奠基者，其观点深远影响人类对媒体的认知。——译者注

原则6　减少阅读中的"闲置时间"

第六项原则，就是"同时阅读10本以上的书"。不是"10本"，而是"10本以上"。也就是说，同时正在阅读的书籍数量，要以"10本"为最低限。

以我为例，我同时正在阅读的书本数量可能超过了100册。不过此处是以"还未读完"为前提的。我书架上摆放的书有一大半都只是跳读了一部分，有机会的话，我会把这些书的其他部分也读一读。我所说的"同时阅读100册以上的书"其中也包含这些书在内，所以在这100册中甚至会出现"上次打开阅读还是在3年前"的书。

为什么要尽量同时读很多本书呢？因为这样做的话能够提高你的运转率。在工厂运转以及业务推进的过程中，想要改善运转效率，最关键的点就在于减少"闲置（或停滞）时间"。

常常会有这种人，他们因为没有读书的时间，所以学习速读术，想要用这种方法尽可能地去读更多的书。针对他们面临的问题，需采取的策略应该是"达成一定的运转效率"。首先，**减少"闲置（或停滞）时间"。也就是说，要格外注意，务必将生活中那些"懒懒散散、什么都没干"的时间减到最少。接下来，为了将这个闲置时间最小化，"尽量同时阅读大量的书籍"也十分重要。**

我们来简单想象一个具体情况吧。例如：我们现在正同时阅读3本书。假如在这3本书之中，有一本小说，一本讨论宇宙的书，还有一本讨论组织关系的经管类书。那么恐怕大多数读者都经历过的感受就会涌现出来——"好像对哪一本都提不起什么兴趣读……"这样一来，难得有些闲散时间，却没兴致花在读书上了。

挑中正合"当下心情"的书，就要一口气读下去

那么，我们再假设读到一半的书有20本，这样一来，在20本里找到正合自己当下心情的书，概率就要比3本高很多了。假如想读书的"情绪模式"有10个档位，3本书全部不合适的概率就会高达72.9%。出人意料，还挺高的对吧？另一方面，当书本数量上升到10本，那么全部不合适的概率就会下降到35%，上升

到20本的时候，不合适的概率就只剩12%了。也就是说，当同时正在阅读的书有20本的时候，你会产生"哪本书都不太想读啊"的情绪，10次里只会遇到1次。可见减少"闲置（或停滞）时间"是多么的有效了。

这世界上一定会有人觉得"没有读完一本书情绪就会很差，完全没法中途开始读下一本"，他们的想法其实我也很懂。但是按照这种顺序阅读的读法，阅读量，也就是我们摄入的知识量永远都无法增加。如果想要使用短时间内广泛涉猎的读书方式，并以此为自己武装知识力量，那么就请你尝试积极地同时阅读多本书籍这样的阅读方法吧。

第二章

商务类书籍 × 读些什么？

商务类书:"只读这些"就够了

01　不懂经营学的企业顾问

我虽然对经营学很感兴趣，但是却没有时间去商学院进行系统性的学习。可是，当我下决心自学，走进书店时，摆在我眼前的是数量极为庞大的书目，我顿时没了主意，不知道该先从哪个科目开始学起……遇到这种情况的人是不是很多呢？

其实，这种心情我真的非常理解。十几年前的我，也正处于这样的状况之中。

2002年5月，我当时32岁，离开了大学毕业后一直工作的广告业界，转而开始在外企咨询公司工作。我至今还记得，当时面对新的环境、新的工作，我一方面感到激动和期待，一方面却深埋着不安的种子。因为我明明要做经营咨询相关的工作，却没有经营学方面的系统性知识储备。

三年间遍览经营学的经典书目

转职之前，我心中始终笼罩着"究竟能否胜任这种工作"的不安情绪，迟迟下不了决心。就在这时的某一天，我有幸受邀和事务所的日本代表一同进餐，饮酒。于是我便直接问道：

"有件事我想请教您。我没有MBA证书，也几乎不具备经营学的基本功。我非常担心自己是否能胜任贵社的工作。"

"完全没问题。本公司在录用员工时重视的并不只是一些共通的资质，关于经营学方面的知识，你其实一边工作一边自学就足够了。"

听到日本代表的这一番回答，我当时真的感觉一颗悬着的心放了下来。不过反过来讲，对方的这番话里还有一层意思就是：虽然我们目前没有要求所有人都具备经营学基本功，但是等入职之后，也要自己逐渐掌握起来哦。

于是，我选择了一个非常简单的方法。我准备以商学院使用的教科书为核心，将经营学的相关经典书籍在两年间全部读完，并且我也真的这样做了。现在回头想想，我选的这个办法真的有点"不得要领"。但当时我确实也没想到其他更好的办法。

正如我在本文开头所说的那样，经营学有着很多的类别，书目的出版数量也十分庞大，我根本不知道该从哪里开始读起，于是只能选择先从经典书目开始一本一本地读下去。

就按这样的方法，我开始盲目阅读，最终我比预计时间多花了一年，总共用两年时间，把经营学相关的近200本书全部读完了。

事到如今，我痛切地认识到"其实只阅读书目总量的一至二成，我也能获得九成的效果啊"。而问题就在于，究竟读哪"一成的书"，才能获得"九成的效果"？在实际开始阅读前，我是不知道的。

02 真正必读的71本"商务书籍曼陀罗"

在本书中,我将甄选在进行知识生产时,能够"达到九成效果的一成书目"介绍给大家,并且会注明阅读顺存,提醒大家按顺序去阅读这些书目比较合理。

从读者的角度来说,大家自然都不想和我一样经历事半倍功半的阅读吧?因此,我将毫不保留、全盘公开自己进行了诸多尝试之后得出的"严选71册"精华。

"唯有这些"要彻底精读

我将这些"必读书目"整体以"商务书籍曼陀罗"的结构来说明。无论什么样的行业、什么样的职业种类,只要是从事知识生产的白领阶层都绝对必读的书目,我放在了曼陀罗的中心位置,而趋向曼陀罗外侧这部分,则会介绍在领域中专业程度更高,与该领域更为直接对口的硬核专业书。

反过来讲，**除非你想要继续深入研究、立志成为该领域的专家，否则的话，从曼陀罗的中心出发，至多阅读到第二层级的程度，对于你的基础教育来说就已经足够了**，接下来的那些书目按照你实际工作的所需去阅读即可。

掌握到这种程度的知识真的就没问题了吗？

没问题的。我在咨询公司已经工作了10年以上，我真切地意识到，只需这样一些基础书籍，你就能充分创造出知识的附加价值了。而相应的，你需要将这些基础书目**彻底地、一字不落地精读下来**。比起粗浅地胡乱读个几百本书，认真精读这样"越读越出干货"的好书才更重要。

在本书卷尾，我将详细介绍其中的每一册书籍。

趁此次制作书籍曼陀罗的机会，我又邀请了80余位从事咨询工作的友人，推荐自己认为"读一读大有帮助"的书籍。然后，我从朋友们推荐的400余册书中，挑出了有10人以上共同推荐的书目，最后，我又以个人的"独断"和"偏好"添加了几本书，最终做成了这幅曼陀罗。

03 "解读古经典籍的书籍"无法代替"古经典籍"

当观察这幅曼陀罗时,我想大家都会注意到,其中大部分都是所谓的"古典名著"吧?从我过往的经验来看,倘若想要自学经营学,那么阅读古经典籍、原著就是非常重要的。

然而,要阅读这些书还是很艰苦的对吧。例如迈克尔·波特的《竞争优势》就是一本超过600页的大部头,想要读完必然会花费非常多的时间。而与此同时,当你走进书店,站在商务书区域的时候,会发现还有很多解释分析《竞争优势》的书。或许你会觉得,这样一来,看似不用花那么多时间也可以学到这本书的精华部分了。

而这,正是自学经营学时会遇到的一个陷阱。

只学精华部分其实毫无意义

我可以断言，**无论阅读多少本这种简易版本的解说类书籍都无法提高自己的经营学基本功**。理由其实极其简单，因为我们只有通过重新体验作者在古经典籍、原著中展开的思考过程，切身地学习"经营的思考方式""商务的思维秘诀"，才有意义。而简易版本的说明书籍则省略了原著的一些思考过程，只用大纲或关键词解释说明。而这种类型的知识，就算记住再多，也无法提高自己在知识生产方面的体力。

反过来说，在你学习经营学的时候，其实没有必要去读那些层出不穷的商务类新书。当然，如果从实务角度考虑，你现在正在做的工作对新书有需要，那情况就另当别论了。

有些人一看到新发售的或是比较热门的商务书就会不分青红皂白地乱读一气，与其这样做，不如再认真阅读一遍经典书目。

只读一遍，读者其实并不能记住多少书中内容。而越是那些被奉为古经典籍的书，越是能从各种不同的角度切入学习。这种书不论读多少遍都能学到新东西，所以请参照此处列出的书目清单阅读，一旦找出一本"就是它了！"的心仪好书，那么我建议你能时时重温它。

04 | 新出版的商务书籍有九成都是"××书"

虽然这种说法可能有些偏激，但是我认为，新出版的商务书中九成都没有阅读的必要。或许这样讲有些妄自尊大了，但我本人已经从事了10年以上的经营咨询工作，却几乎从未读过商务类的新书。没读新书会吃什么苦头吗？并不会。

我这样写，或许会被误会成是在说"读商务书没意义"。但其实我想表达的并不是这个意思。商务类书籍中有不少名著，一名商务人士只要是读过这些名著，那么必然能够获得某些成果。我指的其实是"新出版商务书籍的九成"，而非"商务书籍的九成"。请大家注意这一点。

事实上，我也曾经在某一段时期因焦躁感和虚荣心作祟，拼命地阅读那些新出版的商务书籍。然而，当我注意到某件事时，我立即放弃了这个习惯。这"某件事"就是：**新出版的商务书籍的内容，几乎都只是把古典名著商务书已经写过的东西换了新的案例或是新的行业，再重复说明了一遍而已。**

我之所以认为新出版的商务类书籍不读也罢，是因为我会仔细阅读古典商务名著。

05 不读畅销类书籍

我还会尽量避免阅读畅销书。理由很简单,大家都读的书,我再去读也没什么意义。请大家回忆一下我在本书开篇的股票投资部分(原则3)已经讲过的,所谓读书其实就是一种投资的观点。可以说,**阅读畅销书其实就是在做低性价比的投资**。

请试着将我们自身想象成是一份事业。倘若如前文所述,读书就是一种投资,那么本金只有我们的时间,而时间却是有限的。任何人一天都只有24小时。所以做出在哪一本书上投入自己时间的决定,可以说是非常重要的。

与此同时,读书所带来的成效,是由"单位时间内的成效"和"成效的持续时间"相乘得来的。如果我们将成效所持续的时间分成短期和长期两种,那么畅销的商务书籍其实就是这样的情况：

- 短期：读者非常多，无法成为拉开差距的主要原因，效果甚微。
- 长期：大部分内容没过几年就过时了，效果其实同样甚微。

《免费：商业的未来》在10年后将毫无用处

我举一个非常方便理解的例子，我们来思考一下2009年的畅销书——克里斯·安德森的著作《免费：商业的未来》。在当时，大家无论谈到什么话题都会提及这本书。然而，读完这本厚书，讨论其内容，对内容进行考察等做法所达到的效果其实并没多大，不是吗？至少在我看来，大家讲的观点都很接近，而且从内容上来看，大多数还都是"这么说感觉是理所当然的"之类话题。**与他人雷同，而且既过时又无聊，从个人输出的角度来说是"最糟糕"的情况了。**

让我们想象一下，如果在10年后某次与总经理会餐时，或者在举办培养精英干部候补的工作室时引用克里斯·安德森的《免费：商业的未来》，估计是无法得到任何反应的吧。恐怕大部分人都只会表现出"哦哦，好像是曾经有过那么一本书"的样子罢了。

而倘若你引用的是亚当·斯密或马克斯·韦伯所著的古典书目的内容，那么无论已经过去10年还是20年，它在同一场合都会持续保持着同样的说服力。

第三章

商务类书籍 × 怎么读？

阅读"古典"有顺序

01　不要做摘抄和读书笔记

阅读商务类书籍时，不需要做摘抄和读书笔记

看到我这样写，估计读过我之前所写的《外资系顾问的知识生产术》的读者会感到很惊讶吧。毕竟我在那本书中曾经写到过："书读完了肯定会忘记。因此，为了能在阅读之后回忆起，或检索出书中的重要内容，必须要以电子数据的形式做好摘抄笔记。"

我的这点建议，其实更契合本书下一章将要详细说明的通识类相关书籍的阅读法。而在阅读商务类书籍时，其实并没有必要去做摘抄或者读书笔记。事实上，我基本上从未做过商务类书籍的读书笔记。

从商务类书籍中获得的知识，请"直接"用来实践！

我之所以这样说，有以下两点原因。

从商务类书籍中得到的知识及感触，一般立刻就能派上用场。而从通识类书籍中得到的知识及感触何时能够派上用场并不明确。

不知何时才能派上用场，但是感觉未来会有用武之地，所以读过之后想要再重温一下，这是我们做读书笔记的目的。也就是说，如果将知识比作道具，那么为了方便之后快速寻找，当我们一开始将道具收进仓库时，应该先给它们编好号。给道具编号，其实就是做读书笔记的意思。**但是立刻就要用到的道具并不需要特意收进仓库。**这就是阅读商务类书籍并不需要做读书笔记的第一点原因。

一本好书所传达的讯息是非常简明且清晰的，所以并不会被忘记。

关于这一点，我将在后文之中做详细说明。在阅读通识类相关书籍时，重要的是将我们从书中学到的知识及感触对应到自己的工作和人生中去思考。也就是说，我们必须要将从书中获得的知识自行置换成启发及洞察。反过来讲，通过阅读通识类的书籍所获得的知识，其自身是没什么意义的。所以，把我们认为重要的条目摘抄下来，思考这些内容为我们带来了何种启发的这个过程就十分必要了。

而在商务类书籍中记载的自然都是与商务有关的事例以及启发。所以并不需要进行置换的工作。只要将从书中学到的事例及启发在每天的工作当中付诸实践即可。

02 读到"不懂之处"就跳过去10页吧

当阅读书目曼陀罗中的"名著",发现自己不太明白其中内容时,或许有人会觉得"我可能是个傻瓜""我太没内涵了",然后,他们会硬着头皮继续读下去。但是这种做法会造成极大的时间浪费。

如果在阅读时始终感到无趣的话,那么就尝试先跳读10页吧。如果从10页之后开始读仍旧感到勉强的话,别犹豫,再跳过去10页试试。

又跳了10页,还是觉得无趣,那么就翻到目录页,找到目前你最感兴趣的、最有关联的部分去阅读吧。倘若按照这样的方法做过仍然觉得无聊,那就意味着你和手上这本书"此次没什么缘分",所以最好是暂时把它放回书架。

当阅读一本书时，感到不顺心意或读不懂，其实责任绝不在你。难道责任在作者吗？也不能这么说。阅读一本书其实就是在进行某种对话，读不懂，则意味着"语言不通"。

和语言不通的对象交谈是没意义的。等到你自身产生了变化，语言得以互通了，再去阅读这本书即可。

03 "商务书籍曼陀罗"应该按照"从中心向外沿"的顺序去阅读

接下来,我将详细介绍"商务书籍曼陀罗"的使用方法。

如果你是一位商务人士,想要用知识武装自己,准备使用这幅曼陀罗的话,那么我强烈建议你先从曼陀罗的中心书目开始读起。

核心部分介绍的书目,能令你在经营学的学习上获得一个大略的学科地图。如果你对经营学领域尚不熟稔,那么首先应该从核心领域的相关书目读起。接下来,倘若想要深入了解某一具体方向,那么就再继续阅读与该方向相关的、更为专业的书籍。也就是说,选择从曼陀罗的中心逐渐向外阅读,这样的阅读方式更为高效。

另外,在本书的读者中应该也有一定程度上掌握了经营学基础,希望能通过学习更上一层楼的人吧。如果是这一类读者,那么就没有必要拘泥于以上推荐的读法了。从曼陀罗的任何部分挑出一本心仪的书开始阅读都是可以的。我在此列举的书籍已经经过各领域专家的质量认证，只要不考虑主观好恶，那么翻开任何一本书都能有所收获。

我再强调一遍：如果你准备接下来自学经营学，那就需要先从曼陀罗核心部分列举的书目开始认真读起。只要不是从事针对经营策划部门的收购业务，或企业战略的策划的专业顾问，那么核心部分所列举的书目应该已经足够你获得基础知识了。尤其是金融财政和证券交易领域，如果你在工作中并不需要用到这两部分，那就算阅读了相关专业书籍，你也一定会忘记的。因此，只要先把核心书目读一遍就足够了。

04 | 只读过迈克尔·波特就不要妄言竞争战略理论了

建议大家从"商务类书籍曼陀罗"的中心开始阅读，同时也意味着要绕开"名著的弊端"。位于曼陀罗中心的所列书目，都是针对入门者的概论类书籍。我认为，一开始先阅读这些概论类书籍会比较好。话虽如此，但是一般来说，**身负盛名的经营学者所写的所谓"名著"，大多在内容上会选择一些十分偏激的思考方式。**

一个最简单的例子，就是关于战略理论的。

提到经营战略的大师，首屈一指的便是哈佛商学院的迈克尔·波特教授。然而这位波特教授的理论其实非常的偏激，一言以蔽之："企业的收益性是由该企业的能力所处的状况，也就是市场定位所决定的。"他的这种立场可以说是非常极端了。

另外，许多有名的经营学学者都站在明确反对波特教授主张的立场上。其中的代表便是杰伊·B.巴尼。他的立场与迈克尔·波特正相反，认为"相较于企业所处状况，企业内部所蓄积的能力，也就是资源，才能够大幅地左右企业收益性"。这两种思维方式已经互相争辩了三十余年之久，至今仍是水火不容。

要了解"名著的弊端"

单纯地思考一下这种情况，你难道不觉得奇怪吗？

对于生活在实战中的人们来说，"企业所处的状况，也就是市场定位"和"企业的能力，也就是资源"这两方面中"哪一方面都是十分重要的"，这根本就无须多言。可不知为何，这么简单的道理并没有被大师们写进名著中，反而出现在了适用于初学者的入门读物里。这也正是我不推荐初学者直接从大师名著（曼陀罗外围）开始阅读推荐书目的原因。

而我之所以主张"首先从入门书（曼陀罗中心）入手，先获得'思考方式是多种多样'的俯瞰视角，接下来，本着想要深入挖掘其中一小部分的态度，再去阅读大师们的名著，这样的阅读路线比较安全"，原因也在于此。

05 先读"曼陀罗中心",为自己描画人生战略

思考自己的人生在什么时期应该获取一些什么东西,这是非常重要的。

如果你眼下二十多岁,那么一边深入阅读自己专业领域内的书籍,一边将曼陀罗的核心书目阅读一遍即可。

曼陀罗核心部分的书是能够代表所有类别的入门书,**通过阅读这一部分的书目,你就能大致理解"企业是依靠怎样的机制在运转的"了。这样一来,也就提高了你的观念立场。**

这一点在大公司尤其显著。二十多岁的员工通过自己的工作所能了解到的范围其实并不宽广。他们所负责的领域极为狭窄,前辈或者上司一般会告诫他们,要在这狭窄的领域内认真完成工作。

当然，在自己负责的这片狭窄范围内深造专业能力也很重要。然而，只做到这些是很难拥有一个30岁职场人的观念立场的。优秀的、工作卓有成果的人们都有的共同要素，就是始终拥有一个比自己的年龄高出10岁的观念立场，去思考各种事物。为了能够养成这样的思维方式，请大家一定要在20～30岁这段时间，尽量多读几遍曼陀罗核心部分列出的书单。

经营战略、市场运营以及财政金融会给你的人生带来益处

之所以说最好在二十来岁时将曼陀罗的核心书目读完，是因为这些书都对你**思考"自己的人生战略"**十分有益。

曼陀罗核心列出的书目都是经营战略、市场运营以及财政金融类的基础书目。通过这些书本所获得的知识，对于构想描绘"我们自身的人生战略"都大有裨益。例如，我们先来看看曼陀罗核心书单中的经营战略论这一部分。经营战略论有着多种多样的概念，但是追根究底地思考过后会发现，其实所有概念的主张都是在告诉你，只要押中"选择哪一片战场可以获利"和"选择哪一片战场能够获胜"这两点，就能够成功。

能够获利的战场就是收益性高、拥有成长潜力的市场。从事商务工作的人，谁不想在这样的市场之中奋斗呢？可是，大家都

该使用何种顺序阅读曼陀罗

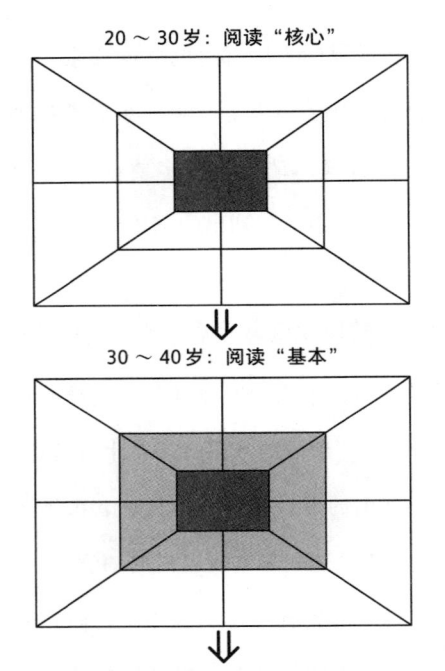

20～30岁：阅读"核心"

30～40岁：阅读"基本"

40～50岁：只阅读"应用"于自身专业领域的部分

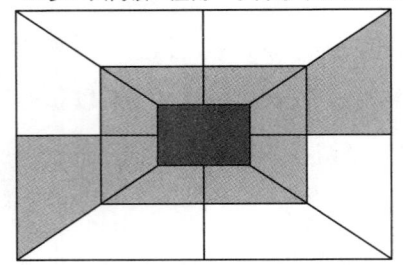

挤进这个市场之中，竞争必然十分激烈。随之而来的问题就是"如何从中取得胜利"，我们需要找到一个"能获利，并且还能赢"的市场，然后投入其中开始战斗。经营战略论相关的大部头教科书出版了很多，但说得极端一点，所有的这些书籍其实最终都只谈了这两点。并且这两个论点也可以直接为你思考自己"人生的战略"起到帮助。

人生战略应展望20年后

此处有一个关于产业中长期的收益性和成长性的问题。我们的职业生涯长达数十年，相较于思考"此时此地"，我们至少应该将时间轴延长到未来20年，再去思考。

此外，**如果学习了基础的经营战略论和金融学，那么你将对哪类产业从中长期角度来看会衰退或者成长这方面，拥有一定程度的感知力。**当然，我们完全不必将自己的职业生涯搭进从中长期角度来看收益性、成长性均会陷入停滞的业界之中，这是毋庸置疑的。如果你正在属于这种产业的公司内就职，除非你极度热爱这项工作，否则就应该重新思考一下自己的职业生涯和人生战略了。

06　我决定从电通公司辞职的理由

在此，我想要讲一些我个人的经验。

我大学毕业后的第一份工作，就是在一家名叫电通的广告公司任职。为什么要选择电通呢？原因之一是当时制作广告对我来说很有吸引力。还有一个重要原因就是薪水很高。如今的电通在高薪水企业排行榜上仍是名列前茅。而在当年，电通是日本薪水最高的一家公司。

25岁之前的那几年，我时常考虑这样一个问题：电通的薪水为什么这么高呢？进了高薪水公司还要考虑"这家公司薪水为什么这么高？"确实有点奇怪，或者说有点麻烦，但我当时的确时常在思考这个问题。

从个人角度去思考自身生活，我发现如果想要生活丰富，很多东西都是不可或缺的。从当时的生活来看，CD播放器、汽车、食物、服装……缺一不可。然而，制作和贩卖这些东西的公司，薪水却并没有电通那么高。为什么对我的生活"完全没有帮助"的电通的薪水却高得离谱呢？当时我的内心疑惑不已。

正在此时，我阅读了一本经营战略类的书，于是恍然大悟。我明白了，事物的价值并非由其功能或性质所决定，而是由该事物的"稀少性"决定的。

一个东西，无论它如何有用、如何优秀，如果它是一件任何人都能够提供的东西，就不可能价位太高。相反，即便它没那么有用，但是却很稀有，这样的东西则会有一个高价格。对于学过经济学的人来说，这属于基本常识。然而对于在大学专攻哲学和美术史的我来说，这种思维方式却是十分新鲜的。

运用经营战略论，预测"电通的薪水将会下调"

贩卖稀少产品的公司薪水高，而贩卖任何人都能够轻易提供的产品的公司薪水低。这个道理使我理解了电通高薪的原因。而与此同时，我也明白了，今后电通的薪水一定会下降。

当时电通所掌握的稀少产品就是"大众的关注（注目）"。只要控制了电视和报纸杂志等大众媒体的广告栏，就能切实地抓住"大众的关注"这样的稀有资源，之后再将其高价批发出去即可，这就是电通的商业手段。

然而，进入到20世纪90年代后期，网络开始迅速普及起来。于是乎"大众的关注"就从传统的媒体转换到了新兴的媒体。这样一来，电通这家公司业已到达顶峰的薪酬待遇自然会开始下降。我认识到这一点后便于2000年从电通辞职。几乎就在同时出现了网络泡沫破灭，大部分同事都告诉我"你错了，将来肯定会后悔的"。不过"承他们吉言"，我从未后悔离开这家公司，广告业界的薪酬水平自那之后也始终处于下降趋势。

我决定离开电通的最大原因，就是学习了经营战略论，意识到了电通的收益性此后会出现极大的恶化。通过这个例子大家或许能够明白，学习经营学不但能够对工作有益，还会帮助大家打磨自己的"人生战略"。

07 | 30～40岁这一代的人，需要深入到曼陀罗的第二层

对于已经步入30岁的读者，我希望你们能挑战曼陀罗的核心＋第二层次。

在一个人的职业生涯中，30岁的这十年正处在稳定期。到了这个年龄，我们也期待着能在公司中身处中坚，在职场中主导工作进程。虽然还未获得正式的管理职位，但其实这个年龄已经能够带领一众年轻员工，发挥领导能力了。在20多岁时，我们要一边深入了解自身专业领域，一边对商务方面的知识有一个整体的、大致了解程度的掌握。而到了30岁这个年龄，我们就需要更广阔的视野，和更高远的观念立场。

年过三十，我们应一边继续深入挖掘自身专业领域，一边从整体角度对经营领域有一定的认知。因此，我希望你最好能够迈进曼陀罗的第二层次。

其中尤其重要的就是组织及财务的相关领域了。只要隶属于公司组织，那么没有人会与这两片领域毫无瓜葛。

了解组织的"矛盾与荒谬"

其中尤其重要的就是组织及财务的相关领域了。只要隶属于公司组织，那么没有人会与这两片领域毫无瓜葛。

例如，在交易和市场领域中，从你的所属部门以及想要提高的专业性角度来看，可能不太具备学习意义。但组织和财务这两个领域则有所不同。到了希望能发挥个人领导能力的年龄，无论是调动他人，还是受他人所调，只要还是公司组织的一员，那么对你来说，掌握这些与组织结构有关的知识就会变得十分重要。

例如，读过组织论相关的古典名著——《失败的本质》后，我们便十分清楚，一个企业组织的表现是如何被笼罩在其中的"气氛"所破坏的。读过迈克尔·罗伯托《哈佛决策课：如何在冲突和风险中做出好决策》之后就能够明白，组织的表现并非完全依赖每一个组织成员的优秀，反而越是由优秀者们组成的队伍，越可能做出愚蠢的判断。

换句话说，经营其实是一门充满矛盾和荒谬的学问，一步棋下错，组织的管理就很可能会破坏人与社会，30岁以后，我们十分有必要认识到这一点。

外资系顾问的"超高速输入型"阅读术

从事与"知识生产"有关的工作,可能就要面对短时间内集中学习某一领域相关知识的情况。我的上一份工作——战略顾问,就需要不间断地持续这种学习。

当面临这种情况时,我建议大家进行一个入门书5本加专业书5本,共计10本的"一日读书"计划。该计划的基本内容是:上午粗略阅读入门书,下午精读专业书。

基础书籍的特点在于旨在为读者提供一个整体观念,即便是初学者也能立刻读懂。阅读过5本具备这种特质的入门书后,就能掌握想要了解的领域之中的主要议题。

这5本书,我们利用上午的2~3小时去进行粗略阅读。粗略阅读的办法是:1.只看图表;2.只阅读每一段落开头自然地吸引到了你注意的那一部分。使用这种办法后,无论多厚的书,都能在30分钟左右读完。

下午阅读专业书。在上午阅读时掌握的整体观念和一些关键词的基础上,集中阅读想要深入了解的部分。例如:你在学习多样性的相关知识时,认识到了"affirmative action(积极措施)"这个词。那么遇到这种情况,下午精读专门书目时就应专挑"积极措施"相关的部分深入阅读。

在阅读时,首先要参考目录。其次,编辑严谨的专业书肯定会附有凡例和索引。从索引中挑选关键词也是不错的办法。

此处有一个要点,就是要把计划仅限定在一天之内。单将阅读期限

专栏1

　　模糊地定成"尽快"并不能提高学习效率，因此要在一天之内完成计划。相应地，执行计划的这一天最好关闭个人电脑和手机的电源，专心致志地从铅字之中摄取知识。那么为什么将时间设定成一天呢？为什么要关闭手机呢？简单来说，就是因为这样做会提高效率。

　　人类的大脑和汽车的引擎有些相似之处，如果集中精神的时间不够长，效率就无法提高。

　　而只要将效率提高到了一定程度，那么这种程度的效率就能够维持一段时间。反之，把时间细分成一小段一小段地去学习，要比集中精力一口气学完所花费的时间更长。我想很多人都有过类似经验吧。

　　那么，导致注意力被分散的最大原因是什么呢？我想大家或许已经察觉到了。对，就是手机或电脑。好不容易集中了注意力，也提高了摄取知识的效率，此时突然收到电子邮件或者来自社交网络的联络，一切就又要从零开始了。

　　因此，不如干脆关掉电脑和手机，花2～3小时的时间集中阅读吧。之后再打开电脑和手机查看邮件或联系人发来的信息即可。接下来，回复必要的信息，然后再关闭电源，回归书本。这样重复2～3次，就是所谓"超速摄取知识"的基本方法了。

第四章

通识类书籍 × 读些什么？

读自己喜欢的书，
形成和对手之间的差异化

01 通识类书籍对工作中的疑难问题很有效

至此，正如我前文所述，关于商务类书籍，我们需要认真阅读经典名著，并且一有机会就应该反复重温其中的一些内容。而且，只要读过这些商务书中的经典名著，那么除了相当感兴趣或者和你自身的专业性存在极深关联的书之外，新出版的商务类书籍不读也罢。

反之，如果想要通过通识类书籍得出各种考察成果，就不能按照"只读经典名著，新出版书籍不读也罢"的方式来了。随时保持警觉，一旦遇到感兴趣的理论，就应该去读一读。

如此想来，"商务书"和"通识书"的阅读量的比例会随年龄产生变化就是很自然的一件事，不如说，我们应该积极地推动这种转变。商务书方面，只需要仔细阅读经典名著，剩下的就只挑选和自己专业有关的书阅读即可。所以我们大抵在25～35岁就能将经典名著读完一遍。

而通识书则需要在我们整个职业生涯中都坚持阅读。按照这种思维方式，25～35岁我们对商务书的阅读比例相当高，而自此之后，通识书的比例将逐渐增高，伴随着年龄的增长，商务书和通识书的阅读比例就这样产生了变化。

一般情况下，年龄越大职位就会越高。相应地，决策的难度也在增加，而我们面对尚未遭遇过的问题的情况也会增多。此外，我们管理的下属人数也会逐渐增加。那么，据我的印象，**面对此类"工作环境的变化"所带来的疑难问题，我们从商务书中获取的"知识"就基本起不上什么作用了。**

针对这些难题，反而是阅读通识类书籍，从中获取"人性"或"组织及社会的特质"的启发，会为我们带来极大的帮助。

音乐或美术也会与工作形成关联

而我实际上有着怎样的阅读史呢？重新回顾过去时，我发现自己在20来岁的年纪，甚至都没想过将"通识"与"工作"联系起来。

对于我来说，阅读通识书是一种纯粹的知识娱乐活动，所以我从来没有想过要将从中获取的知识和感悟活用到工作之中。

现在想想，我的"读书状态"之所以开始改变，是因为两大契机。

第一大契机，是我帮自己的一位做营销总监的顾客搬家时，参观了他书斋的书架。我看到上面摆放着营销和经营学的经典读物，想到平日一起工作时，我常赞叹他丰富的知识和案例储备。而看到眼前的景象，我才意识到"啊，他的确一直在学习相关知识"。这个道理是如此显而易见。

还有一个契机，是我在电通工作时上司所说的一句话。当时我正值25岁左右，工作方面总是无法取得优异的成果，同时，我还连续地出现小失误，天天被前辈们训斥。

就这样，某一天和一起喝酒的上司聊到大学时期学到的音乐和美术知识时，上司建议道："**山口君为什么没想过把你的这些知识和感悟运用到工作中呢？我看你现在的样子，似乎在寻找正确的工作方式的过程中，一直在勉强自己去做不擅长的事，并且为之感到痛苦不堪。**"

说实话，在听到这番建议的一瞬间，我并没有茅塞顿开，而是慢慢地在自己的内心消化了一段时间。不过，我当时的确开始意识到"通识"和"工作"之间是可以关联到一起的。

02 九成的普通人和一成能得出成果的人之间有什么差别？

一般情况下，咨询顾问手中最大的武器就是逻辑思考。

的确，从所获信息方面来看，比起客户，咨询顾问更多时候是处在劣势的。或者说，是处在一个相关知识和经验都比客户要贫乏的状态中的。在这种状态下，如果想要短时间内解决客户常年烦恼的问题，就需要彻底从理论逻辑上去思考。也就是说，此时逻辑思考成了重要条件。我们可以将咨询顾问称之为"追求终极合理性的人"。

企业顾问中的"精英"人员都在读通识类书

事实上，我也是进入这一行业之后才注意到，**在这些追求合理性的人中，尤为活跃的一部分人的共通点就是阅读通识类书籍。**

我们应该如何理解这件事呢？可以这么说：完全地用逻辑去

思考事物的这种思维方式，主要用于理数和自然科学领域。而拥有这种思维的人们却从早到晚努力地学习哲学、心理学、历史等通识类知识，或者也可以说是文化、人文科学领域的相关知识。乍看之下，这解释似乎有些矛盾。

然而事实并非如此。对于包含顾问在内的所有从事知识生产工作的人们来说，学习通识类的相关知识都是极富意义的。

推荐大家阅读通识类书籍的最大理由就在于，我迄今为止遇到的所有优秀人士都在阅读各种各样的通识类书籍。

思佰益公司（SBI Holdings）的每周例会上，我总能在总经理北尾吉孝的办公室桌子上看到一摞历史书籍。一本社会学的新书刚出版2～3天，优衣库的总经理柳井正先生就会告诉我"这本书我已经读过了"。电通的白土谦二先生则总将自己埋在各种类型的书本"高塔"之中……

不单是我这十年所供职的外资系咨询公司，就连迄今为止接触过的那些经营管理层人士，以及我20来岁时曾工作过的电通，其中所有称得上"精锐"名号的人都不会只读商务书，而是会去阅读各种门类的书籍。

反之，有些人虽然毕业自一流商学院，并且还时常阅读新发售的商务类书籍,但是言谈笔下尽是陈腐味道,毫无锐气,完全无法从其中领略知识和感悟,这类人也不在少数。我想,这种差距或许正是因知识面的宽度不同而产生的吧。

03 | 该读些什么？通识类书籍分7类

那么，当下的商务人士想要拥有通识类的知识，应该阅读哪一类别的书呢？我从个人经验出发，选择了以下7个类别。我认为对于一位商务人士来说，阅读这些类别的书籍能够获得一些有意义的事实和启发。

1. 哲学（近·现代思想）

2. 历史（世界史·日本史）

3. 心理学（认知·社会·教育）

4. 医学·生理学·脑科学

5. 工学（包含计算机科学）

6. 生物学

7. 文化人类学

1. 哲学（近·现代思想）

哲学，尤其是结构主义之后的现代哲学思想，影响了很多经营概念的确立。例如：在某一时期，BCG（Boston Consulting Group）提出的所谓的 deconstruction（解构），其原型其实正是法国哲学家德里达主张的"解构"概念（但原本德里达主张的解构和BCG所吹捧的解构其实完全是两码事。我想他们并不是阅读了著作后理解了这个词汇的概念，然后加以运用，而只是单纯觉得这个词读起来响亮，就直接挪用了）。

所谓现代思想，其实是一门研究世界和社会变化之框架的学问。因此，直接将其挪用到经营领域也是十分正常的现象。

2. 历史（世界史·日本史）

历史会为商务人士带来很多可学之处，这是十分显而易见的。通过学习中世及近代期间，英国如何在西班牙及法国两大强国之间进行外交斡旋，就能获得深刻的启发，从而帮助我们理解利基厂商在排名第一和第二的两大巨头品牌的夹击之下如何生存下来。

3. 心理学（认知·社会·教育）

对于商务人士来说，心理学知识也是必需的通识储备。在营销中操纵大众心理、在谈判时对对方心理造成一定的影响、理解组织中的团体动力学等，在商业的各个方面，心理学能力都是强力武器。

4. 医学·生理学·脑科学

提到医学、生理学、脑科学领域，大家似乎很难把它们同商务联系到一起。然而，这类领域的知识其实在很多情况下都和商务有关。

例如，对于商务人士来说不可或缺的压力管理知识，其实就属于大脑生理学。认识血清素、多巴胺、去甲肾上腺素等神经递质的作用，也能为我们理解上下级关系以及对人际关系带来极大的启发。

5. 工学（包含计算机科学）

工学领域的知识见地也能为商务工作带来诸多刺激。我举一个个人案例吧。我本人曾经制作了一个项目管理手册，一有时间我就会拿出来温习。而这份手册，我其实是参照了东大名誉教授、美洲杯日本艇技术总监——宫田秀明先生的系统工学思维方法制作的。

6. 生物学

学习生物学知识，也能为商务工作带来启发。正如我所写的上一本出版物——《全世界最创新的组织作成术》中所说：对于很难激发什么创新意识的日本企业来说，参考学习生物领域的知识，比如蚂蚁的集群运营方法，也能够得到深刻的启发。

7. 文化人类学

文化人类学的见解也能以多种形态运用到商务工作之中。例如：在一件咨询项目中，我常会请我的客户企业仔细观察自己公司的工作现场。而我推荐给他们的观察方法，正是大量参考了文化人类学者进行野外作业时所使用的手法。

虚心而坦诚地观察本公司的工作现场，是顾客获得优质信息的最佳手段。在实践此类手段时，平日储备的文化人类学技巧便能够发挥极大的作用。

04 首先，从"传统好书"和"有趣的书"开始吧

我认为，在阅读通识类书籍时，没必要树立太明确的目标。因为一旦这样做了，就有可能错过一些意外的发现。

就好像散步一样，如果已经定好了一个明确的目的地，那么就算是突然顺道去其他地方，但基本上还是会向着目的地笔直前进。阅读商务类书籍其实就和定好目的地的散步一样。而与其相对的，阅读通识类书籍则是将乐趣放在沿途，期待着过程中的一些意外发现。

"顺路"产生差距

没有目的，也不设定目标，只遵循"是否有趣"这一感觉，如果在散步的时候不知道该向左转还是向右转，我们一般就会选择那条给人感觉很舒服的路对吧。阅读通识类书籍也是同理。试

着去选择"给人感觉很舒服"的方向，如果觉得有趣就继续读下去，如果觉得无聊立即停下即可。

比起是否有用，以是否有趣作为评判标准更加重要。因为只有阅读时真正感到趣味性，这本书的内容才能为我们所用。

正如本书开头所讲，如果说经典商务书是商务领域中的"常规演技"，那么通识书就是这一领域之中的"自由演技"了。我们如何将所阅读的新奇书目变成自己的一部分，并将其同实际产出相结合，这极大地左右着我们的"个人特色"。不必因为是别人推荐的书或是公认的名著就去阅读。挑选书本时，"是否喜欢，是否被吸引"的标准更为重要。阅读时，"是否有趣，是否动心"才是重点。

去书店，你就会发现"必读"和"经典"

话说回来，当需要阅读迄今为止还不熟悉的领域的书目时，就算告诉你"凭感觉挑选就OK啦"，你可能还是会手足无措，不知道该从何处开始阅读对吧？

我推荐大家选择"翻阅一下各类别之中面向初学者的经典书目"这一途径。粗略地浏览一番后，感觉哪一本书可能读起来比较有趣，就读哪一本。

那么，去哪里找这些经典书籍呢？提供相关信息的源头有两个：1.介绍优秀书籍的书；2.书店的书架上。

关于第一个源头，典型范例就是立花隆的《塑造我精神血肉的500本，以及未能为我所用的100本书》和文艺春秋出版社编写的《东大教师推荐给新生的书目》。翻阅几本这类书后，里面重复出现的书籍，就是所谓的"经典"书目了。

所谓的"经典"真的很不可思议，去几家大型书店转转看，也能悟出道理。

以日本东京都圈为例，有丸之内的丸善书店、八重洲的八重洲书籍中心本店、池袋的淳久堂JUNKU堂等，只要定期去以上这些书店的各个分类书架看看，你渐渐就能找出每个店都会展示出来的那几本"必读经典书目"了。

无论去哪一家书店都会摆在醒目的位置，而且根据不同情况，还会添加一些手写的购物点广告，展示出书店店员的所思所想。类似这书籍，我觉得就应该拿来读一读。毋庸置疑，这类书籍对大部分人来说都是有意义的。接下来就要看这本书与自己是否合拍了，如果十分合适，那请务必读下去。

05　检查自己和一本书是否合拍的方法

接下来,我将为大家介绍如何在书店检查自己和一本书是否合拍。

阅读封底的"概要"部分,感受一下是否能够产生共鸣?该图为托马斯·库恩的《科学革命的结构》

1. 粗略阅读"概要"部分

首先,如果一本书中录有总结本书概要的部分,那么就先粗略阅读一下这部分吧。例如,我十分喜爱的MISUZU书房所出版的书籍,一般会都在封底部分写有一本书的概要。

2."目录"→本文仅读一页即可

倘若在阅读概要时即被吸引，那么接下来要做的就是浏览目录，找到感兴趣的标题，翻到对应的正文处去阅读。这时候只需要读一页纸的内容即可。如果读完这一页后感到有趣，那就可以买下来了。反之，如果感到"不明白书中内容"或"读起来有点无聊"，应该怎么办呢？这时就请随意跳过50页，再试着去读一读。依旧是只读一页即可，如果读完这页觉得"有趣"，那就买下这本书。如果觉得无聊，就再跳读一次。

如此重复个两三次，如果依然觉得"没什么兴趣"，那么无论书封多么吸引人，或者你身边的人以及名人们如何褒扬它"十分有趣""百分百必读"，都请放回书架，忘掉这本书吧。

书本都有一个所谓的"just meet时期"。一本书是否有趣，往往会跟随我们自身的体会、精神状态、所烦恼的问题、所掌握的技术和知识的变化而改变。不论我们身边的人和名人们如何强调"有趣"，只要我们按照前文指示的方法做过之后，没有感受到这种"有趣"，那就意味着这本书和你"语言不通"，并不适合你。

06 输入方式和他人不同，能够促使差异化的产生

或许有人会觉得，大家都说好的经典书目，自己却完全没觉得有意思，这是不是说明自己的知识水平太低了呢？其实不是这样的。请你这样想：大家都说好的书，所有人都会去读。你读完这本书也就只是"平平无奇"。如果你读的是一般人不太会读的书，也就是说，你从比较小众的书中找到了有趣的点，那这本书或许也就成为了你与他人的差别。

可以这样讲，一本书，不论被评为名著还是经典，只要你觉得它无趣，那么阅读这种书就是在浪费时间。

例如，我大学和研究生期间都在学习哲学，所以也读了不少与哲学相关的书籍。可是经典中的经典，如柏拉图的作品，我至今仍是一本都未读过。理由很简单，因为我觉得无聊。我这么一说，哲学专业的老师一定会觉得"难以理喻"吧。但我倒觉得并

没有什么所谓。就算全世界都在说"柏拉图太棒了",我仍然觉得"柏拉图的作品很没意思,读了也是浪费时间",这没什么不好的。

反之,如果你从心底里觉得一本书很有趣,那么即便这书不是所谓的"名著""必读",只要它能让你沉迷阅读,那就是有价值的。**不知道他人的情况是怎样的,能读多少让自己着迷的书,这件事本身会促成差异化的产生**。如果你想要获得与他人不同的知识成果,那么"如何输入和他人不同的信息"正是关键所在。

07 以"短期视角"阅读通识类书籍即可

如果一个人想要掌握读书的技术,那么他或许会采取从自己未来职业生涯的目标倒推的办法,去挑选必读书目。然而我认为,这种从长期的视角进行阅读的方法,在通识类书籍范围内并无必要。

一个成功的商务人士会怎样去计划自己的职业生涯,并加以践行呢?只要是想在商业领域取得成功的人都思考过这件事吧。针对这个疑问,斯坦福大学的教育学、心理学教授约翰·克朗伯兹(John Krumboltz)进行了实际调查。

克朗伯兹的调查结果显示,高达八成的职业生涯,都是由从事这一行业的人自己从未预想到的偶发事件所组成的。反过来讲,先制订一个长期计划,然后为了实现这一目标一条路走到黑地去努力,其实没什么意义。

克朗伯兹警告世人，如果过于限制自己所感兴趣的对象，将所遇之人、事物都限制在一个很狭小的范围内，那么你将会远离能够为你的职业生涯带来转机的"八成偶然"。从他的调查中可以看出，成功人士们都有一个共通点，那就是"积极享受各种相遇与偶然"。

向着目标努力是很"危险"的

将如上内容放进读书的技术之中考虑，设定一个未来目标，然后从这个目标倒推必读书目，接下来专心攻读，这种做法不但没什么效果，甚至可以说是十分危险的。

我认为，克朗伯兹指出的"先决定好长期目标，然后为达到目标专心致志努力奋斗，这很危险"这一点，其重要性将会在未来与日俱增。因为全世界将会以前所未有的速度发生变化。美国杜克大学的凯西·戴维森表示"2011年度入读美国小学的儿童中，有65%会在未来大学毕业之后从事目前尚不存在的行业"。

随着信息化的进步，我们的工作方式正在产生巨变。例如：10年前其实并不存在"社交媒体（social media）"这个领域。每当企业实现创新化发展，行业态势产生变化，就会诞生出新的职业，逐一地去替代现存的专门岗位。

总体来说，以"将来一定会有用"的理由去选择必读书目，这种做法是很没必要的。**更重要的是"此时此地"马上就能用到，或者在一瞬间出于个人喜好、觉得很有趣所以选择了一本书。**我认为，完全没有必要从中长期视角出发去读书。

08 "其中都有些什么"，这样的感觉十分重要

　　从短期视角出发去读书即可。重要的是能否于"此时此地""起到作用，或者有趣"，因为"将来一定会有用"的理由而发奋苦读则完全没有必要。话虽如此，但只是读那种并没有营养的书，那么就算读得再多也没有意义。

　　此处尤为重要的是"其中都有些什么""不知为何，总觉得这本书好像很厉害"的那种感觉。很抱歉，我这种表达似乎有些太过模糊，不够具体，但是这种"感觉"真的非常重要。

　　说得极端一些，**阅读能否与一个人独有的知识生产联系在一起，在很大程度上是受"这本书中都有些什么"的敏感度所左右的。**

　　这种感觉可能和猎人感知藏在丛林背后的猎物时会有的感觉十分相近。在读书这样一种知识活动之中，这种近乎直觉的感受

十分重要。

总之先收集→出现不时之需可以派上用场

人类文化学者列维-斯特劳斯（Lévi-Strauss）在研究南美洲马托格罗索的土著居民时，发现他们在丛林中行走的过程中每每发现些什么，就会抱着"这东西将来说不定能派上用场"的态度，将所发现的东西装进随身口袋留下来，即便当时并没想到有什么用武之地。他在自己的著作《忧郁的热带》中介绍了土著居民的这种习惯。

列维-斯特劳斯又讲解道：随后，居民们捡到的这些现成的"不知道是什么"的东西竟意外拯救族群于水火，因此，这种"将来说不定能派上用场"的预测能力也为其族群的存续带来了极为重大的影响。

列维-斯特劳斯将这种不可思议的能力，也就是在非预定和谐的基础上，把不清楚有什么作用的东西收集起来的这种能力，命名为拼装（bricolage）[1]。这与萨特所代表的所谓现代的、预定

---

[1] Bricolage：中文译为"拼装"。由列维-斯特劳斯在其1962年所出版的著作《野性的思维》中所提出。他认为修补匠和原始人类解决问题的方法类似：修补匠喜欢凡事自己动手做，并且会运用手边现有的工具和材料来完成工作；而当原始人面对未曾遇过的问题时，并不会想出新的概念来解决，而是会重新组合并修改现有的方法，以适应这些新的状况。借用此概念的学科包括教育、艺术理论、法律，以及经济学。

和谐的工具结构产生了对比性的思考。

我们难以预见未来,也不得不去以一种非预定和谐的状态生存。因此,对于我们而言,"拼装"就将是一个强大的武器了。

09 以"做自己的制作人"的态度去决定主题

在思考"从通识类的相关书籍中能够提取出怎样的知识"这一主题时,你需要意识到的是"做自己的制作人"这样一种观念。我认为,21世纪是白领们尤为活跃的时期,正因如此,这种"做自己的制作人"的观念才是不可或缺的。

那么,什么是"制作"呢?**所谓制作,其实就是"做乘法"。**

- 发源自美国的摇滚舞曲 × 英伦风装束 = 披头士
- 设计 × 电脑科技 = 苹果公司
- 日本的食材 × 法式烹调法 = 皮埃尔·加涅尔(Pierre Gagnaire)[②]

[②] 法国名厨。擅长料理极富个性的创意菜品,被称为"全世界最有创意的厨师"。——译者注

- 男性衣物的布料 × 女性服装＝香奈儿

每个获得突出市场定位的品牌，都必然拥有"乘法"要素。尤其是当我们已经年过35岁，最好能够有意识地去思考如何将这种"乘法"做出属于我们自己的风格。

最大的反面教材是"什么领域都有了解"的人。历史、政治、心理学、科学等领域都或多或少有一些了解，这样的人反过来讲其实也就不具备明显"专精某一领域"的特征了。而这样其实很难树立起自己的个人风格。

这种"乘法"思维不仅能够用在阅读领域，在职业规划中也极为重要。因为世界上大多问题都是在"连接点"上出现的。

航空术语中有"飞行危险11分钟"这样一个词。这个说法是从"飞机事故的70%都是在离地后3分钟和着陆前8分钟时发生的"这样一个经验总结中得出的。它非常直接地体现了"连接点"有多么危险。

意思是说，当飞机在空中飞行和在地面滑行时，相关所属系统就会互相更迭。而这个"所属系统"在变换时是很脆弱的。

要素的"连接点"蕴含着机会

经营系统也是一样的。

企业的经营包含着很多方面。经营战略、财务·会计、人事·组织结构、市场、创新、制造、物流……诸如此类，每一种要素都有大量相对应的实务及理论方面的专家，而现如今的问题在于，擅长处理这些要素的"连接点"的人实在太少了。

例如，当今的人事·组织结构这一领域，其中精通人事制度和组织理论的人非常多，可是，能从市场及经营战略这一角度去设计最适宜的人事制度和组织结构的人却少之又少。其实任何领域都面临类似的情况。我认为，能将类似市场与物流，制造与财务这种不同领域相连接起来的人，才会在今后的工作中拥有更高的价值。

其实这样是非常有益的。如果只有100种类别，那么就只能产生100类别的冠军。但倘若每个类别的"连接点"处还能再产生冠军的话，那么除了100个类别冠军外，还会产生4950个连接点冠军。如此一来，社会才能变得更加的多样化。

看到我在前文所说的"做乘法"，或许有人会问"那要用什么乘以什么呢？"关于这一点，我其实无法给出很确切的建议。或者说，其实构成"乘法"的两大主干，都需要以你本人"感到有趣"的想法为前提才行。

史蒂夫·乔布斯就是一个典型例子。他并不是出于战略目的才选择了设计与电脑科技的。他只是"喜欢"这些。然而，几乎没有人想到要将这两者结合到一起。

此处至关重要的一点就在于"结合"。喜欢设计的人很多，喜欢电脑的也不在少数，但是能够将他们结合起来的人却很少。

10　阅读帮我们认知自我

阅读了各个领域的书籍后,你将逐渐明了自己的兴趣倾向。

书的种类五花八门,你或许会在阅读某一类书时感到愉悦和舒适,但同时,阅读另一类书时却感到无聊、反感、不解。

如此重复,你就能清晰地掌握自己究竟对哪一类书比较感兴趣、比较关注了。也就是说,你在逐渐地认知自我。这会在你择业时为你带来极大的参考价值。

疲于阅读媒体相关书目

我现在正以组织开发·人才培养为着重点展开顾问的工作。但其实仅在5年前,我还十分迷茫,不知道应该集中专注哪一个领域去进行自我钻研的积累。

此时出现的一个候补选项就是"媒体·娱乐领域"。我本来就曾供职广告公司，而且这个领域的变化也很剧烈，同时，我认为它与我凡事喜欢追根究底去思考透彻的性格很契合。

于是，我为了能够加深对这一领域的认识，开始按照我在前文为大家介绍的方法，阅读起了这一领域的经典书目。然而我却无法维持我的兴趣坚持阅读。媒体·娱乐这一领域的变化极为剧烈，新书和新的论文层出不穷，于是我坚持阅读新内容，努力想去掌握最前沿的知识……突然有一天，我发现自己实在疲劳极了。

如今我已经能够十分平淡地说出这件事了，可在当时，无论别人还是我自己，都深陷"山口周非常关注媒体·娱乐领域"的思维之中。因此，当注意到自己的状态时，我着实吓了一跳。但是，通过阅读也使我认识了自身，所以有这样的经历其实也是一件好事。

11 以成为"知识的巨人"为目标，效率是极低的

有人会认为：只读自己感到有趣的书，不会令知识储备太过单一吗？但我认为不必太过担心。因为对于大多数商务人士来讲，所谓知识生产并不是一个人艰苦地闭门造车，而是通过多人组团来完成的工作。

组建团队，其实就是将自己的知识储备和别人的知识储备组合起来。即便一个人的知识储备有欠缺，也可以通过互补的方法解决。

也就是说，从"树立个人风格"的角度来看，比起所有知识都懂，但都只是一知半解，不如只懂某一部分，但格外擅长。

"逐次分散投入战斗力"是低效的

在战争中，有"逐次分散投入战斗力"这样一种说法。这一

军事用语的意思是：组织战线时，在时间空间方面分散投入战略资源是很低效的。如果你为了补充自己知识的不足，于是想到要从全方位的角度去充分积累知识储备，那么这很可能是将自己宝贵的战略资源——时间，进行一种低效的逐次分散投入。

对于商务人士来说，时间是最重要的资源。如果你有100个单位的时间，那么比起将它们分成10个10个地投入到不同领域，倒不如将所有资源拿出来，与同一团队的其他人手中的时间资源合并到一起，共同获得成果，这样做反而效率更高。

话虽如此，如果在全方位的这个范围内没有一定程度的基础，那也确实有可能遇到知识生产的瓶颈。

"关于心理学方面的知识储备已经能够比肩博士学位获得者了，但是经济学方面却彻底一窍不通……"如果出现这种情况，那么等于丧失了团队合作共事的大前提。而且，倘若连基本用语都不了解的话，团队也很可能完全无法沟通交流。

为了避免这种问题的出现，我希望大家能够最低程度地掌握前文提到的7个领域的基础知识。

第五章

通识类书籍 × 怎么读？

01 | 即便是有益的书，只是读过并不能和工作产生关联

在阅读通识类书籍时，我希望大家一定要牢记我在原则4中提到的内容，那就是：**请以"读过的内容，你迟早会全部遗忘掉"为前提去阅读。**

这么说的话，有人就会觉得："既然会把读过的内容全忘光，那读书本身不就没有意义了吗？"正是如此。

也就是说，无论一本书的内容多么令人印象深刻且有意蕴，但只是读过，这本身并没什么意义。

当然，倘若你是出于享受知识带来的快乐这样一种"娱乐"目的去阅读通识类书籍的话，那就是另一回事了。以娱乐为目的去阅读通识类书籍，你的目的其实是通过读书去体味知识所带来的兴奋感。因此，即便读完一本书之后不久就把内容忘光，也完全没关系。

然而，本书是以"提高商务领域的知识生产性"为目的，所以"无论书中内容多么令人印象深刻，读完不久后却把内容全部忘光了"的情况是不容出现的。

已经读到这里的诸位之中，或许有人会将注意力放在"如何才能不遗忘"的问题上。但我觉得讨论这件事其实很"不得要领"。因为一旦树立起这样的一个论点，你就会变得越来越苦恼。

人与人之间的记忆能力是相差很多的，或许有些人轻轻松松就牢记读过的书的内容。但一般情况下，边阅读边记忆，从书本中吸收知识的效率会极度低下。除非你对自己的记忆力高度自信，否则我并不推荐这种方法。

因此，我们需要研究的其实并不是"怎么做才能过目不忘"，而是"怎样做才能保证即便忘了阅读过的书的内容也没关系"。

所谓成果，是一种输入和输出相关联的力量

在知识生产过程中，读书是处于"信息输入"最上层的工程。

阅读商务类书籍时，输入与输出之间的关联性十分清晰。而且，从输入到输出的时间间隔很短，所以被遗忘的危险性就会变得比较低。然而，通识类的书籍则不同。其中输入和输出之间的关联性并不十分明确，并且从输入到输出的时间间隔也很长，所以被遗忘的风险就变高了。

史蒂夫·乔布斯曾在自传中提到，他大学学习书法，而书法则对他后来开发苹果计算机的字体起到了决定性的作用。也就是说，他在学生时代学习书法的这样一种"输入"，和开发个人电脑的一环——设计字体的这样一种"输出"联系到了一起。这种**输入与输出相联系的意外性和较长的时间间隔，正是学习通识的一大特征**。因此，能够将二者相联系的人与无法做到这一点的人之间，在知识成就方面会产生巨大的差距。

02 | 将知识与工作成果相关联的办法

为了能将通识类书籍的阅读与工作相联系,我们必须要做的一点就是**"抽象化"**。和商务类书籍不同,阅读通识类书籍所获得的"知识"无法直接运用在商业领域。

在文艺复兴时期,很多建筑物并不是由国家行政组织,而是由赞助人支持修建的(美术史方面的知识)。一窝蚂蚁中必须有一部分不干活的"懒蚂蚁",否则蚁巢在遇到紧急情况时很容易束手无策,全军覆没(生物·生态学方面的知识)。在波利尼西亚和美拉尼西亚,部落之间互相"赠与"是一种义务,各部族间正是通过连续的赠与活动得到激发与活化的(文化人类学方面的知识)。以上这些知识本身对商务领域是不具备启发性的。

如果想要将这些知识转化成为商务领域中的"生存智慧"，那么就必须进行"抽象化"的工作。

所谓抽象化，就是舍弃细枝末节，提炼精华，总结出一个"简单来说就是××"的结论。 也就是说，要将构成事物运转的基本结构提取出来。在经济学领域，这被称为"模型化"。

据我所知，关于这一点总结得最为直截了当的，当属小室直树所著的社会科学名著《理论的方法》一书了。该书做了如下说明：

> "模型"就是仅指强调和提炼本质性的东西，剩下的则全部舍弃。我们称其为"抽象"和"舍象"。

03　无法"抽象化",只是博识而已

舍弃细节,仅提炼本质,这就是抽象化。那么,就让我们尝试将刚才所举的几个知识点抽象化吧。

- 事实＝在文艺复兴时期,很多建筑物并不是由国家行政组织,而是由赞助人支持修建的。
- 抽象化＝要创作出能在历史长河中留存下来的伟大作品,比起一群人商议讨论,其实更需要的是有审美眼光的某独立个人的决定?

- 事实＝一窝蚂蚁中必须有一部分不干活的"懒蚂蚁",否则蚁巢在遇到紧急情况时很容易束手无策,全军覆没。
- 抽象化＝如果高度优化了平常业务量的处理能力,那么当

大环境产生变化时，就有可能无暇应对，并进一步导致组织的灭亡？

- 事实＝在波利尼西亚和美拉尼西亚，部落之间互相"赠与"是一种义务，各部族间正是通过连续的赠与活动得到激发与活化的。
- 抽象化→启发＝除了近代货币经济的基础——"等价交换"之外，还有能够促成交换的更为自然的做法＝赠与，不是吗？

或许你已经注意到了，在所有被抽象化的启发和洞察后面都有一个问号。为什么要加上问号呢？因为这只是一种"假设"而非"事实"。当然，假设的确定性也是各有高低的，也有一些假设本身就和真正的事实相去不远。

但是，我们有必要充分认识到，"假设"毕竟只是"假设"。关于这一点，《理论的方法》做出了如下说明：

> 即便是不擅长争论的日本人，只要明白自己十分看重的想法是"模型"，那么争论也会被看作是体育竞技了。只要你真正明白"模型是一个假设"，那就可以自由地进行挑选

和排列了。

只有知识,那就只能被称为"博学"

进行抽象化后,接下来就是将抽象化所得出的假设放进商务范畴或我们自己的人生当中,观察我们能从中得出怎样的结论。此处的一个要点在于,我们应该落实到具体行动之中思考。

当养成了这种"抽象化"的习惯,就会产生无数附加作用。其中的一个典型就是"辩论能力变强了"。这是因为抽象化正是理论本身。

没有"抽象化"地读一本书,我们只会变成一个"博学的人"罢了。

大家身边是不是也有这样的人呢?他们读了很多书,且十分乐于卖弄他们对各领域的了解,但是无论工作还是生活却都过得并不怎么样……

虽然对很多领域都有了解,但是这些知识却并没有在实际生活和工作中发挥作用,请大家一定小心,不要成为这种"可惜的人"。

04 打造一个忘了也没关系的"机制"吧

人读过书就一定会忘记内容。如果只是将"阅读"当成是一种纯粹享受的娱乐活动,那倒也无所谓,但倘若希望通过读书来提高知识生产力,这种情况就麻烦了。

先讲结论:**想解决这个难题,办法只有一个。那就是去打造一个"忘了也没关系的机制"。**

做鱼备料历经10年才端给客人

如何在不依靠记忆的基础上储备知识呢?关于这个问题,我将"信息"比喻成"鱼",而将"世界"比喻成"大海"去展开思考。

阅读各类书籍并从中摄取信息后,想要牢记这些信息。这种做法,其实就是将从书本中钓到的信息,也就是鱼,放进大脑这样一台小小的冰箱之中保管。

但此处有一个问题。按前文所述，从商务类书籍中摄取知识时，已经确定好了要用在何处，所以保存在冰箱中的时间比较短。这就好比是一家客人天天爆满的饭店，备料食材不会断货，能够源源不断地将料理端给客人。

然而，通识类书籍却大不一样。大多数情况下，准备好的食材，也就是信息要用在哪道菜品里，都是些未知数。根据不同情况，还可能会备料备了10年、20年，才和其他食材（信息）相组合，料理完毕端给客人。史蒂夫·乔布斯在开发第一代苹果电脑的系统时，用到的就是他当年在大学随意选择的一门书法科目。

阅读通识类的书籍时，我们很难确定从中获取的知识能在何时、何地、以何种形态发挥其作用。因此，读完书之后，将从中获取的信息贮藏在大脑这样一台冰箱之中的做法，是十分不得要领的。

制作一个能让鱼儿（信息）游动起来的"鱼笼"

那该怎么办呢？我建议大家**制作一个"鱼笼"，将信息，也就是鱼儿们饲养在里面**。

具体来说，就是当阅读时看到了你认为比较重要的地方，就摘抄转换成数字信息，确保你随时可以找到它。对于大多数人来说，这种方法在20年前还并不现实。因为当时能够掌握高度精确的检索技术的人并不多。

然而，数字技术业已十分成熟。当下，以个人目的进行高度精确的检索是完全可以实现的。在当今世界，特意将代表信息的鱼儿们收纳在空间狭小的自家冰箱，也就是你自己的大脑中，这样只会限制你料理的手艺，弊远大于利。

不要将你自己认为重要的信息记在脑子里，而是将它们放置在随时能够查找到的地方，也就是说，将它们以鲜活状态放入鱼笼之中，然后根据不同情况捞取并同其他信息相组合，加以料理（进行知识生产），这样的做法才更合理。因为重要的信息全都放在鱼笼中了，所以并不需要记忆所有细节。设置好关键词或概念，便于同鱼笼内容关联，必要时只在鱼笼中进行检索，这样就可以了。

05　把书当成"笔记"尽情书写

因酷爱读书而为人所知的松冈正刚曾说过:"书本就是已经写好了内容的笔记本。"我认为这真是一句名言。

应该不会有人买了笔记本之后就任由它空白吧?大家应该都是以"需要在上面书写内容"为前提才购买的。只有书写了内容,一本笔记才有了意义。松冈正刚认为,书籍其实也是一样的。

进一步地去解释这一思想的话,我认为:**书在购买时是一件未完成的作品,只有读者和著者完成对话,书写了种种内容,这一作品才算完成。**

意思就是说,应该一边去画线、书写,一边阅读。也就是要把书读到"烂"。有一部分爱书人士是极端厌恶在书上写写画画的,但倘若你希望一本书能为我所用,丰富自己的人生,那么在书上画线和书写都是一定要做的。

画线或是书写，这些行为的确会"弄脏"书本，那么不如试着思考"如何优美地弄脏一本书"吧。将书本当成素材，想想如何把书本造就成为见证我们生活的艺术作品，并将其流传下去吧。

06 画线的三个工具：
红笔、油性彩铅笔、荧光记号笔

我推荐三种笔用来在书上画线。

三色圆珠笔中的红色：在地铁中使用

最常用到的是"三色圆珠笔中的红色"。这个颜色主要是在移动时搭乘的地铁或巴士中，又或是在医院等待的时间中使用。我爱用的是三菱铅笔的 jet stream 这一款。

之所以选择红色，是因为这种颜色最为显眼。因为所阅读的内容将来会忘记，所以每隔一段时间就需要重温一遍。这时候，倘若无法瞬间找到画线处，那读起来就会非常麻烦。

不过关于这一点似乎也存在个人差别。解剖学学者，同时著有诸多随笔的养老孟司先生就是使用"B5铅笔"画线的。他似乎还说过"如果用的不是B5铅笔就没法静下心来读书"。而明治大学的教授斋藤孝先生则会使用绿色的圆珠笔。正如这些读书达人那样，选择一个自己喜爱的颜色画线即可。

油性彩铅笔：在床头使用

我在画线时使用的第二种工具就是油性彩铅笔。

听到油性彩铅笔这个词能马上对应到实物的，应该都是对美术和设计比较熟悉的人吧。一般的商务

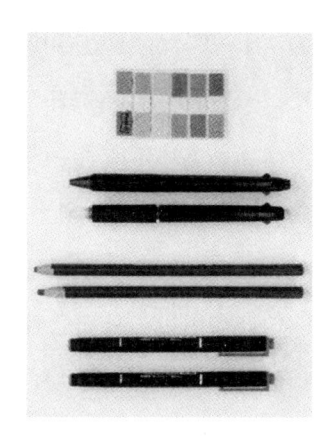

"画线三大神器"我平时每一种都准备两支随身携带，防止"手边没笔"的情况出现。标签则会用在"第二遍阅读"中。

人士似乎很少有机会接触这种笔。不过，如果解释说是"通过扯掉一圈圈的线或者剥去外皮来使用的彩色铅笔"，估计大家就会恍然大悟了吧。油性彩铅笔原本是为了书写在人类的皮肤、金属、玻璃等"纸制品以外"的媒介上而存在的一种彩色铅笔，不过我却用它来在书籍上画线。

不过，为什么不干脆只用三色圆珠笔呢？这一点其实实际用过的人马上就能明白。因为**躺在床上的时候用三色圆珠笔是写不出字来的**。我最常读书的三大地点是地铁里、床上和书桌上（关于应该在哪里读书的问题，会在后文中介绍），在这三大空间之中

的"床上",是无法使用圆珠笔的。

众所周知,用圆珠笔写字的原理就是利用引力令油墨渗出,然而如果笔杆不能直立,就很难出墨(在宇宙空间中一般无法使用圆珠笔,在航天飞机里只能使用特殊加工过的圆珠笔)。

因此,在床上读书还是用彩色铅笔和记号笔更好。不过我以前曾经在用过记号笔之后忘记合笔盖就直接睡着了,床单因此被染了色,自那之后我就较少使用记号笔了。

剩下的唯一选择就是彩色铅笔了。一般的彩色铅笔需要定期削笔尖,这有点麻烦。

想读书就马上读书,读到动心之处就想马上画线,我认为这一点非常重要。但如果在这时手里的彩色铅笔没削,写不出字,那就没办法画线了。

于是,我便十分珍惜**无论何时何地"只要褪下线圈或撕一下皮就能马上写出字"**的油性彩铅笔了。我会将油性彩铅笔收纳在乐播诗(Lesportsac)的笔盒里,放入随身携带的包中,或是放在公司与自家书桌的笔架上。此外,我家床边也会常备蓝色和红色的三菱牌油性彩铅笔。

荧光记号笔(橘色):在书桌上使用

画线时使用的第三种工具是荧光记号笔。其中我尤其喜爱斑马牌荧光optex产品中的橘色。为什么选择橘色？因为蓝色和绿色色调都太重了，会遮住书中的字，使文字变得难读。而黄色或粉色的色调又过弱，重温时容易被忽略。在进行了各种尝试后，我发现橘色刚刚好。

荧光马克笔恐怕可以说是画线时所用的最强道具了。即便在文字上画线，也丝毫不会影响阅读效果，同时还能够对应文字字号的大小自由改变线条的粗细。

然而，就算是如此无敌的荧光记号笔，也还是有逊于三色圆珠笔和油性彩铅笔的地方。

那就是使用时必须要不断开关笔盖。乍一看这好像也并非很严重的事，但是想象一下：当你乘坐地铁，左手拿着文库本阅读，然后右手想去画线的情况吧。是不是开关笔盖其实还很麻烦呢？

又或者是前文提到的情况，在床上读书时，忘记合上笔盖，结果导致床品被染色。如果用的是记号笔，出现这种情况的可能性还是很高的。虽说看得有些犯困了就把笔盖盖上睡觉就好了，但是我这个人总喜欢把困意忍到不能再忍的程度，然后像冲向终点的马拉松选手一样一头栽倒睡着。因此，用记号笔就非常容易忘盖笔盖。正因如此，在前述的三大读书场景：移动中、床上和桌子上，最后其实只有在书桌上时才会用到荧光记号笔。

07 ｜ 咨询顾问的"三遍"阅读术

接下来，我将为大家具体介绍如何去制作一个信息"鱼笼"——也就是读书笔记的方法。为了能将从一本书中获得的信息（鱼）放入"鱼笼"，你需要通过如下三个步骤，将一本书读三遍。

- 第一遍：画线
- 第二遍：选出5项
- 第三遍：摘抄

通过第一遍→第二遍→第三遍的流程，将自己认为有必要的信息筛选出来。

"阅读三遍"之后的书，就算你将它内容都忘光了也没关系。因为必要时你随时都能提取所需信息。

在阅读第一遍时做好标记,读到第二遍之后就"只需重温重要的部分,并使其高效地留存在大脑中",或者"摘抄成笔记或制作成电子资料,并活用在知识生产之中"。

08 | 第一遍 画线
——将比较在意的文字部分整体画线

阅读第一遍时,应该边画线边阅读。不过,每当我建议应该边画线边阅读时,总有人问我:不清楚应该在哪里画线啊?

我给出的回答是:"**如果你感到迷茫,那么总之先画线就是了。**"在初次阅读一本书的时候,你需要设置"这本书有重温的价值吗?""这是一本有记录、记忆价值的书吗?"这样的标准去阅读,因此一本书的画线部分越多,对于你来说这本书的意义就越大。

常规画线

那么,我们具体应该如何去画线呢?我会将线分成三种类型。第一种是普通线。也就是在我们自己认为比较重要的地方画线。

此处需要注意的是，**应该"从一段文字的开头一直到结尾"完整地画线**。有些人习惯只画一些关键词，但我不建议这样做。

因为这样做的话，重温的时候可能会无法理解文义。正如我反复强调的，阅读过的书本内容大部分都会很快忘干净。也就是说，阅读第一遍的时候，我们只需"找到重要的地方"，或说得直接点，只到"读个大概"的程度即可。

阅读第二遍的时候，又或是摘抄成电子文档的时候，如果只标出关键词，就不得不再去思考："哪些部分才是重要的内容？""摘抄工作应该从哪里开始到哪里结束？"难得初次阅读时就在"认为重要的"部分标出了下画线，结果只标出了关键词，重温时还要重新思考，这样做效率是十分低下的。因此，在画下画线的时候，针对重要的部分，请"从一段文字的开头一直到结尾"都切实地、清晰地做好标记吧。

指定开头·结尾的画线

接下来，我来介绍只标出开头和结尾部分的画线方法吧。这种方法一般适用于画线部分较长的情况。

例如：当一整段文字全部都很重要时，倘若将整个段落都画上线就会显得有些杂乱，而且这样画线本身也有些麻烦。这时候，

2 競争の基本戦略

基本戦略	必要な熟練と資源	必要な組織のあり方
コストのリーダーシップ戦略	長期投資と資金源探し 工程エンジニアリングの熟練 労働力の緻密な監督 製造を容易にする製品設計 低コストの流通システム	厳密なコスト統制 コントロール報告は頻度多く詳細に 組織と責任をはっきりさせる 厳密に定量的目標を実現した場合の報償制度
差別化戦略	強力なマーケティング能力 製品エンジニアリング 創造的直観 基礎研究力 高品質またはテクノロジー主導という評判 業界内の歴史が古くまたは他の事業経験からの熟練の独自の組合せ 流通チャネルからの強い協力	R&D、製品開発、マーケティングのうまい調整 定量的測定よりも主観的測定による報償 高熟練工、科学者や創造的人間を惹きつける快適さ
集中戦略	上記の政策を特定の戦略ターゲットに適合するように組み合わす	上記の政策を特定の戦略ターゲットに適合するように組み合わす

基本戦略の他の要件

三つの基本戦略は、右に述べた効能のちがい以外の面でもちがっている。うまく実行するには、それぞれちがった経営資源や熟練が必要である。さらに、組織のあり方、管理手順、新製品開発体制の面でも、みなちがう。その結果、どの戦略を成功させるにも、それを第一の目標として忍耐強く総力を投入しなければならない。こういった面で三つの基本戦略の意味を考えてみると、上記のとおりである。

また、基本戦略は、それぞれちがったリーダーシップの形を必要とするし、どの戦略を主力にするかによって、企業のカルチャーと雰囲気が

との兼ね合いになるからである。低コスト地位については、差別化戦略と同様、兼ね合いを要する場合もあれば、要しない場合もある。

> 应该将关注部分全部画上线。倘若只标记关键词，之后重温就会无法理解自己所标出的这部分内容。

116 / 阅读变现

就可以使用只标出一段的开头和结尾部分的画线方法了。

以我正在阅读的书为例，**开头部分我会以○为起点画一个→符号**，末尾是**以○为结尾点画→符号**。如果是遇到了很长的段落，只要使用这种方法，那么即便这一段之中还有需要特别强调的部分，那就再将这些特别的地方标注出来即可。

我虽然建议大家不要只标关键词，但当我看到一些词，内心产生"这应该属于关键词"的想法时，也会想要将它特别标注出来。

遇到这种情况，我们就使用和普通下画线不同的标法，用笔画个框，标注关键词。采用这种办法，在摘抄重要内容时就不会产生迟疑，同时也能很好地记录下当初阅读时对哪些词产生了共鸣。

09 第二遍 选择5个选项
——确定画线部分的先后顺序

一边画线一边将一本书读完之后，阅读第二遍的任务，就是选择摘抄画线部分中的哪一些内容。贴便签是个不错的办法。

此处的一大要点，就是确定先后排序的工作。无论我对多少内容画线，放入"鱼笼"的基本也只有5个部分，最多也只有9个部分。

为什么要设置这样的上限呢？因为如果选择过多，那么摘抄画线部分内容的工作本身就会令我感到厌烦。要是只有5处，那么最多花10分钟就能完成摘抄。

关于这一点，我将在后文再做详细说明。不过在摘抄画线部分的时候，比起摘抄本身，如何根据摘抄部分扩展思路更为重要。如果摘抄的工作量太大，那么在展开"根据摘抄部分扩展思路"的这项必要工作前，我们可能就已经耗尽了精力。

摘抄很繁琐，要彻底辨别

阅读后，是否有必要摘抄重要部分呢？市面上有不少传授读书技巧的图书，关于这方面，不同书本的立场也是大不相同。总的来说分成了截然不同的两大类：一类书认为，画线部分一定要做好笔记，并转成电子文档；而另一类则坚持，画线即可，无须摘抄，读完就直接放书架吧。

后者之所以如此主张，原因很简单，因为"摘抄太麻烦了，不符合性价比"。我也认为只是摘抄的话，确实性价比很低。

然而，只是单纯画线后就收回到书架上，结果也只是依赖大脑的记忆罢了。一般读过一本书后我们很快就会忘掉，所以只是给书画线，我们大概很难活用书中内容去解决工作和生活上的问题。这么一来，你投入到书中的时间就浪费了。

从结论来说，将付出的劳动力控制在最低的程度，应该根据摘抄做读书笔记。**因此，辨别画线部分是否有摘抄价值是十分重要的，也正因为此，我将摘抄上限设定为9个部分。**

通过"选择"，让内容在头脑中扎根

为摘抄部分设定一个"略少的上限"，还有另外一层效果。

如果想要将摘抄的数量限制在较少范围内，那么判断哪部分更重要并理出优先顺序就成了必要工作。如此一来，就必须重温画线部分,"深入阅读"以判断其中哪些地方更重要。这个"深入阅读"是至关重要的。

所谓阅读,不过是反复进行数次后便结束的一种行为,而最初阅读也只是为了获得洞察力罢了。

阅读第一遍是为了在书中标明"关注方向",点明"此处十分重要"。阅读第二遍时,以画线部分为中心重温内容,并进一步进行重要部分的甄别工作。相比于画线后就把书收进书架,这个重温的阶段能使书中信息在脑内的扎根比率更高。最后,我们挑选出5～9部分的内容,将其放入"鱼笼"中。

10 | 第三遍 摘抄
——写下关于工作的"提示与启发"

阅读通识类书籍比较重要的一点在于：**除摘抄外，还需要将摘抄内容对于商务和实际生活的"启发"也写出来。**

挑选一本通识类图书时，唯一的标准就是"是否有趣"。当然，这只是选择方面的标准，倘若读过之后只觉得"很有趣"就到此为止，那就没什么意义了。当然，如果你是出于娱乐目的去阅读的话，倒也无妨。但我们将宝贵的时间投入阅读的目的，是从中获得一些有意义的信息，并将其应用于商务工作和现实生活中。

阅读一本书并感到"有趣"时，应该稍作思考，想想自己为何会产生这样的感受。这种做法在很多时候都能够帮助我们将书本和商务工作以及实际生活联系起来，从而获得一些启发。

首先，将感到有趣的地方摘抄下来。然后将从中得到的一些关于商务工作和实际生活的启发写出来。整理的方法为以下3个：

① 感到有趣的部分
② 为商务工作和实际生活所带来的启发
③ 具体行动的假设

"哦？"＝有趣的部分

我举一个具体案例为大家说明。

在我很喜欢的一本名叫《懒蚂蚁也有意义》的书中，有这样的内容："通过模拟实践，得出这样一个结论：相比于会以既定轨迹前往食物所在地的认真蚂蚁群，在族群中生活的那些会在一定比率上搞错路线的蚁群，或者根本不工作的懒蚂蚁的蚁群，在面对外部变化时生存概率更高。因为懒蚂蚁和弄错路线的蚂蚁会在一些非既定路线上发现新的食物。"

一般来说，大家都认为肯定是那种人人工作努力的组织能够强劲抵御外界的变化。因此，这本书给出的这一结论可以说是站在了一般观念的对立面，提出了反论。我在阅读到此处时，不由得感到"哦？蛮有趣呀"，并且画了线。而再次阅读时，这段画线部分的优先排名也被提高了。这个例子其实正对应了我在上文提到的①**感到有趣的部分**。

关于"启发",只要记录一下注意点或者灵光乍现的内容即可

上文书中提到的这种有意思的情况,会为商务工作和生活带来怎样的启发呢?让我们先在自己的头脑中想想。首先有可能想到的,或许会是"为眼下的商务工作投入百分之百的组织资源,那么新的商务工作便无法萌生"这一想法吧。反正也不会将摘抄内容展示给别人看,只要想到什么就写出来吧。

除此之外,你或许也可能在阅读中产生"一直都在和从事商务工作的人见面,这样一来,在实际生活方面,自己的人生会不会无法再有什么创新呢?"或者"书架上最近总是塞得满满当当,没有空隙塞新书了,这可糟糕了呀……"等看上去十分"绕远"的想法。

有这种想法也要写下来。蚁群的故事和书架之间虽然没有直接联系,但是比起逻辑或整齐,记录这种想到的点或一些灵光乍现的内容其实更重要。这就是我在前文提到

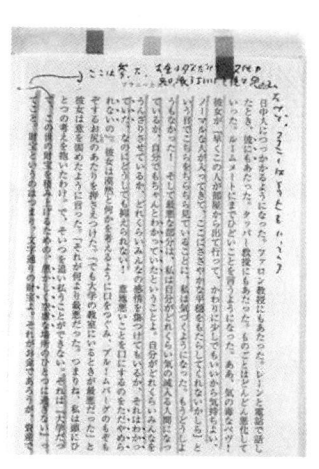

塞林格的小说《弗兰尼和佐伊》的笔记。我在描写弗兰尼的部分写了"实在服气!"几个字。

第五章 通识类书籍 × 怎么读? / 123

的②**为商务工作和实际生活所带来的启发**。

最后要写下"行动"

接下来,我们应尽量针对"那么应该采取怎样的行动?"这一设问,进行③**具体行动的假设**。

例如,我们从"在当下的商务业界,倘若架构的是一个100%高效率的组织,那就无法应对外界的变化了"这样的一个启发之中,做出"应该抽出一定的资源,用于不以直接获利为目的的研究或新型商务的开发"的行动假设。

又或是从"一直都在和从事商务工作的人见面,这样一来,在实际生活方面,自己的人生会不会无法再有什么创新呢?"的启发中,做出"保证每个月一次的频率,和与自己所从事的工作无关的人吃一顿饭。制作列表,列出具体想见的人,月初时和对方联络,请求面会"的行动假设。或从"书架上塞得满满当当,没法买新书了"的启发中,做出"整整一年都没拿出来阅读的书,就狠下心干脆扔掉吧。如果书架上只放一年之内阅读的书本,那么观察书架时,也方便我们了解自己的学习状态"的行动假设。

11 | 第三遍 摘抄
——用"印象笔记"摘抄是最强选择

我在摘抄时使用的软件是印象笔记,在软件中设置一个"新建笔记",然后将书籍名称和已经选好的5～9个画线部分的主要内容摘抄下来。请注意,此时如果画线内容太多,就需要提炼出主要内容,谨防摘抄的工作量过多。

不必将信息全部摘抄下来,我们只需在随后参考时定好可以对应原书的"头绪"即可,因此并不需要把下画线的全部文字都摘抄下来。判断适宜文字长度的要点是:一个部分的摘抄用时控制在1分钟。一处1分钟,9处就共计为9分钟。摘抄一本书的要点所需时常不要超过10分钟,请避免无止境地在这项工作上投入多余的时间。

为什么"印象笔记"是最强选择？

我本人习惯使用印象笔记，其实整理书本内容时使用任何服务或软件都可以。

在印象笔记问世前，我使用的是谷歌提供的Gmail服务，我在收件人处填上自己的邮箱地址，然后将选择好的内容摘抄出来，转发给自己。Gmail拥有强大的检索功能，并且还是云服务，只要能够连接到网络，那么无论何时何地，都能将过往的摘抄内容调出来。这一点的确十分方便，不过印象笔记有一个通过添加标签改变笔记的组成方式的功能，非常吸引我，所以我就转而开始使用印象笔记了。

使用"可在随后检索"的工具

摘抄时，使用何种工具其实都可以，但倘若非说出一点"绝对必须"的功能，那就是"后期可以高度精确地检索"。这一点非常的重要，**正是因为随后能够进行检索，所以我们才没有将书本的内容存储在头脑中，而是放心地将其存储在了外部空间。**

我以前也曾经历过将重要内容誊写到笔记本上的时期，结果不到一年，我就不记得想找的内容是摘自哪本书、写到哪册笔记本上了，甚至都想不起是什么时候摘抄的了，于是还要花很长时间去翻找，结果最终还是没找到。这种惨痛的经历我体验过很

📖 印象笔记的使用方法

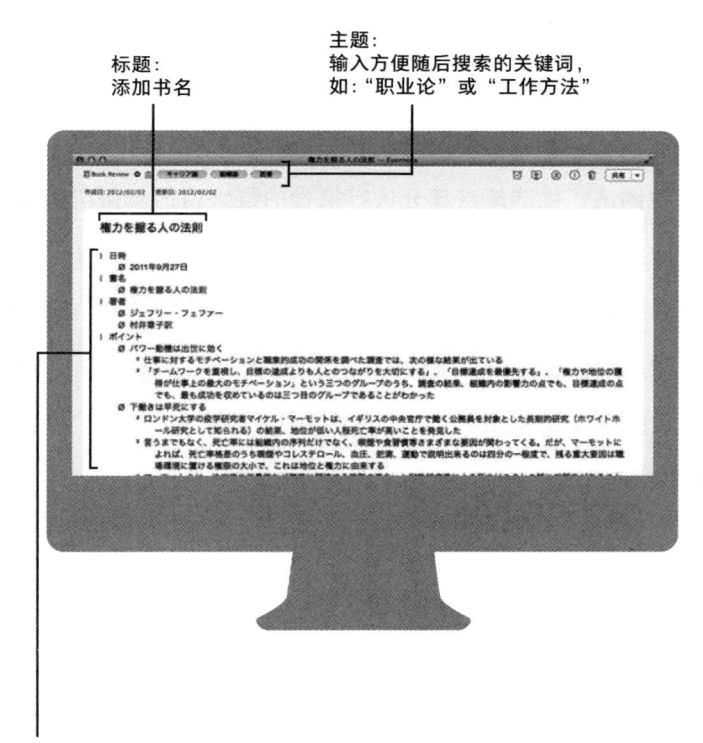

标题：
添加书名

主题：
输入方便随后搜索的关键词，
如："职业论"或"工作方法"

正文：
写下需摘抄部分，
以及从中所注意到的点

> 就算使用的不是印象笔记，而是Gmail或者其他的软件也没关系，重点是这个软件必须具备"可检索"的功能。

第五章　通识类书籍 × 怎么读？ / 127

多次。知识生产的相关主张十分多样，估计也有不少人认为"摘抄应该是抄在笔记本上"吧？但是单从商务人士所从事的知识生产这条思路去考虑的话，我觉得誊写到笔记本上的做法真的很没意义。

　　说到底，挑选重点部分进行摘抄的最大目的就是"遗忘"。通过遗忘，能够扩大大脑中有关工作记忆的内存空间，于是得以活用到当下的知识生产中。必要时，可以从外部的知识存储空间中下载所需信息，再加以使用。正因如此，才能放心地去遗忘。因此，整理重点摘抄内容的工具绝对必需的功能就是"高准确度的检索功能"。

12 | 第三遍 摘抄
——为"鱼笼"设定一个主题

为"鱼笼"设定一个主题，准备一个自定义的"抽屉"，能够提高信息检索的敏感度。具体来讲，就是在印象笔记中添加"标签"。以我自身为例，我会设置如：

"越是高层越要脚踏实地，越是底层越要仰望星空"
"职业生涯充满偶然"
"极端情况即是反方论据"

等大约40个主题的"鱼笼"，一旦发现有相关的信息或是文章，如果相关内容是从书本中发现的，我就摘抄主要内容，如果来自报纸杂志所刊登的文章，那我就直接拍摄成照片，放入"鱼笼"。

到了2014年10月，印象笔记的检索功能已经基本能够做到针对检索关键词，从照片之中显示出符合搜索条件的文章和论文这种程度的准确度了。因此如果有人觉得摘抄太麻烦，那么也可以直接将文字拍成照片加入文件中。

不过我不太推荐大家这样做。节选摘抄本身有些麻烦，因此对文字进行简单总结，这一系列的行为本身就是具有一定意义的。

添加主题，能够增加"注意"

我认为，应该为鱼笼添加主题。原因就是：**为鱼笼添加主题可以提高我们自身对信息敏感的度。**

在日常生活中，我们会摄入大量的信息。而我们又必须从眼前一闪而过的这些海量信息之中，只将对我们有意义的那极为少数的一部分信息抓取出来，并将其投入到鱼笼之中。因此，此时是否为"我们自己的鱼笼"定下了主题，也会使看透眼前稍纵即逝的信息与我们自身之间关联性的敏感度产生变化。

通过色彩浴（color bath）效应进行"意识"

大家听说过色彩浴（color bath）这种手法吗？它最初是博报堂的加藤昌治在其《思考的利器》一书中提到的。简单说，就是选择一个主题，比如"今天选择红色"，然后去注意所有进入到自己视野内的红色。你将发现，迄今为止虽曾进入过你的视野，但没有被你意识到就消失而去的各种"事"与"物"都开始引起你的注意了。所谓的色彩浴就是这样一种思考法。

色彩浴的手法在"发现能够放入鱼笼的鱼"这一类工作中也能起到相当的作用。然而我的意识并非集中在"红色"或者"四角形的东西"等物质性上，而是集中在"多样性"或"幸福的职业生涯"等抽象概念上，这一点和色彩浴是不同的。设置好了鱼笼之后，就需要时常将这类抽象概念当作关键词去有意识地关注，这样一来，你就能够发掘出普通人很难注意到的一些方面。

13 重复阅读很多、很多遍

那些读完一本书后就放到二手书店卖掉，又或者干脆不买，尽量在图书馆借书去读的人，或许很难同意我"拿书籍当作笔记本"或"只有在书本上写写画画之后，这本书才是一部完成了的作品"之类的想法吧。

然而，我在此可以断言，只要你没有"买书"以及"在书上做记录"，那么你就无法将书中内容活用到知识生产上。简单来说，**所谓阅读的技术，与其说是如何阅读一本书，不如说是如何活用一本读过的书更为准确**。而且，如果这本书不在手边放着，那么也完全无法活用。

其实书本的活用方法只有两种。

第一种：摘抄重要部分，保证必要情况下随时能够检索到。

第二种：一有机会就去重温。而为了实现这一点，随时将书本放在手边就十分必要了。毕竟在我们进行知识生产的时候，会走到摆放着已读书目的书架边查看。此时你模糊的记忆便会逐渐变得清晰，想起"啊，那本书中好像写了这样一些事"。接下来，你就会将书从书架上取下来，以过去曾经画线的内容为核心做粗略的重温。在反复进行此类举动的过程中，一些好的创意便会不经意间浮现在脑海中。

第六章

"在书店散步"的技术

01 │ 在书店的那些"不认识的书架"附近闲逛

在使用书店的方法中有一项铁则,那就是无论如何要先"去"。而且要尽量去一些大的书店,如日本东京有丸之内的丸善书店,或者八重洲的八重洲图书中心总店等。还要尽量做到**每月去一次,每次要在书店待上两个小时。**

或许有人会认为,最近亚马逊一类的网络购物平台使用感十分良好,其实也不必非要去实体书店不是吗?但是实体书店和网络书店完全不同,想要有一个好的读书积累,那么就必须分别利用好这两种不同的渠道。

实体书店和网络书店有着很多不同之处,最大的一点就在"偶然性"上。在逛实体书店的时候,我们经常会邂逅一些意想不到的书籍。而逛网络书店时,我们基本上只能遇到和我们现在比较感兴趣的内容相关的图书。关于这一点,其实问题并不在哪一方更好上。根据我们眼下的兴趣介绍多种多样的图书——亚马逊的这种推荐服务也是非常有用的，而实体书为我们带来的那些出乎意料的邂逅，也是我们丰富的读书生活中所不可或缺的。

逛逛商务图书"以外"的区域

在逛大型书店的时候，请不要只看和自己工作相关的商务类图书，一定要转完所有区域。

例如，对于大多数的商务人士来说，很少会去大型书店的生物、医学、工学、心理学等分类的书架。然而，只要到这些类别的书架那里看一眼，你就会察觉到，那里出乎意料地摆放着很多对你的工作和人生大有启发的书籍。

"自然科学"的书架是宝藏矿山

关于这一点，我可以举出一个记忆相当深刻的例子。那就是东京大学教授中尾政之先生的作品《失败百选》。

这本书是面向工学系的学生出版的，本书正中间写有一个"失败类型集"，收录了大量组织论及商务领域相关的启发实例，一旦开始阅读，就会被其趣味性深深吸引，根本停不下来。从知识层面上来看如此的有趣，从实际生活和工作的层面上来看又是如此有效，真是一本理想的作品。而这本书，则摆在和我的工作毫无关联的工学系书架上。

只有积极到与我们自身的工作和生活之间关联性很低的书架那里去闲逛，才能获得类似这样的偶然所创造的美妙邂逅。

看上去和商务完全没有关系，但是却意外地能够从中收获不少商务方面的认识和启发，这类领域的典型，就是自然科学这一类别了。（以我常去的东京丸之内的丸善书店为例，坐电梯上楼，在第三层最深处，就是工学、理学·物理学、医学图书的相关区域了。）

有空的话，我会在这个区域待上一个小时，认认真真地边走边将较关注的书本拿下来翻阅。这样做时常会令我发现不少"哦哦！这部分对组织论很有启发嘛！"或者"这部分在工作术方面给出了不少办法呢！"的书。

例如，有一本书名叫《页面设计的心理学》。这本书是以网页设计师为受众，请心理学者讲解了"哪些办法能够帮助你设计出更优秀的作品"。但它在思考领导论或组织论、工作的生产性等方面，也能够为我们提供各种各样的启发。

这本书是我在并不熟悉的工学系书架边闲逛时发现的名著。正因为这本书，我在书店的所有区域闲逛的脚步就停不下来了。

这本书似乎是我在丸善书店的电脑程序相关的书架上发现的,我当时下意识地就把这本书拿了下来,这种邂逅其实能够超越学科门类,学习到知识。

02 | 看看"最喜欢的书目"周围的书架

我还很喜欢另一种方法,那就是以最喜欢的书目为起点,尝试去购买放在它周边的书目。有一本我非常喜欢的书叫作《恩德的遗言》。恩德就是创作了《毛毛》和《永远讲不完的故事》的那位童话作家米切尔·恩德。但是这本书其实和童话毫无关系。

这本书讲的是金融系统和货币经济的组成。这样一本书,倘若循着书籍分类的模式去找的话会很难发现。因为很难确定这本书究竟属于哪个领域的著作。

名著往往"超越了分类的限制"

然而,很多书都符合这样的情况:**越是名著,内容越是刺激,那么就越可能"无法被一种类别概括"**。因为有趣的书本往往都是跨领域的。因此,我才主张以"有趣的书"为起点,不断去发掘更多有趣的图书，我认为，这也是"找到有趣书目的技巧"之一。

具体做法如下：首先，前往大型书店，检索非常有趣的书籍。这样你就会知道它们被摆在书店的哪片区域，哪座书架上了。找到所在区域，确认一下你读了觉得很有趣的书周围都摆着一些什么书。然后再试着从这些书中找出感觉很有趣的书，大概就是这样一个顺序了。

03　不要受"书架分类"的限制

受到分类限制后，我们进行一些特别的、具备我们个人特色的组合范围就会变窄，这点请务必注意。此处的"受分类限制"含义是指：如果想要学习创新知识，就只关注商务书中与创新相关的区域这种情况。

当然，想要学习创新知识，于是就去商务书区域之中与创新主题有关的书架上找书，这种做法是很必要的。但是，只去阅读这种"纯粹的创新书"，你很难产生什么新奇的创意。如果想要架构起一套你独有的创新理论的话，那么就有必要输入商务创新类书籍之外的一些书本的知识。

创新？你可以翻翻儿童类图鉴

所谓创新，它原本的意思其实是"革新"或"非连续性进化"。那么除商务以外，以"革新"和"非连续性进化"为题材的书中都会有些什么样的内容呢？我马上想到的是历史中的"革命"和科学领域的"发明·发现"。

我曾于2012年出版过一本与创新有关的书，这本书的知识其实大部分和商务书无关，讲的是有关历史领域中的革新，以及科学领域中的"发明·发现"的故事。

那么，大家认为详细讲述了科学中的"发明·发现"的，是哪种书呢？没错，有一种就是事典。尤其是面向儿童的那一类事典会更好理解。实际上，我就曾经参考了学研图鉴中的《发明·发现》这一册。

面向儿童的图鉴就算让大人来读也会觉得很有趣。这本书就是我在撰写创新书籍时参考的《New Wide学研图鉴 发明·发现》。

04 名人传记和"我的履历书"都是宝藏

还有一类与科学领域的发明·发现相关的重要参考文献,大家知道是什么吗?没错,就是名人传记。

例如面向初中生及高中生推出的《筑摩评传系列》等,书的内容十分紧凑,是一本重点在学习"达成新发明的人物"特征的教材,其中的相关启发内容非常丰富。又或者是日本经济新闻出版社出版的《我的履历书》系列,阅读这套书也会对你大有帮助。

不要去创新类图书的书架!

我在前文中提到的这些书,通常并不会摆在创新类图书的书架上。然而,如果你是循着"能够促成创新的人才和组织,以及无法促成创新的人才和组织,这二者间究竟有什么不同呢?"这样的一个主旨去学习的话,那就必然要掌握一手的信息,也就探明是"促成创新的人才和组织究竟是怎样的呢？"这样一个关键点。

　　书店之中那些书架的分类摆放其实只是出于方便而已。我们决不能将自身的思维结构套在书店的书架分类结构之中。思考任何事物时，我们首先都需要一些必要信息，而针对这些信息的采集工作，书店的分类并不一定完全符合。

　　当然，探寻我们想要去考察的对象究竟属于哪一类别这件事还是很有必要去做的，但是请不要忘记：**你阅读的书籍超脱其所属分类的部分有多少，而在此基础上，书中的结论考证又能够在何种程度上与其所属的分类相关联，根据这些方面程度的不同，你得出的思考成果的质量也会大不相同。**

专栏2

在图书馆使用"短期集中调查"

从图书馆借书是不允许污损书本的。因此,从我这种"读书时最基本的就是要一边画线一边做笔记,要把书弄得脏一点"的思想来看,将从图书馆借来的书放在你阅读生活的核心部分,这是不可能的。那么,图书馆的存在对于我们的"阅读生活"来说,真的完全没有必要吗?其实我还有其他的使用办法。

如果你从公司到家的这段路程中没有图书馆,那么"去图书馆"这种行为本身就是一种消耗。因此,为了提高这方面的性价比,我们不要采取"数次前往图书馆"这样的办法,而是每次去的时候都在图书馆待上一定的时间,以充分收回成本。从我个人来讲,每次我去图书馆,当天一整天我都不会再做其他任何事,并且至少要在图书馆待到半天,充分地去使用身处图书馆之中的时间。在一定程度上读完了预定好要查的书之后,我还会阅读往期杂志,这也很有趣。

图书馆和一般的书店有何不同呢?我认为,"能读到一些老书"是图书馆最大的一个优点。我所说的"老书",并不是从古典和现代这种时间意义上讲的,我指的是"当下已经读不到的一些书"。

比较典型的例子就是往期的一些杂志或报纸。随着时间流逝,这些印刷物对于现在的市场来讲几乎已经算毫无价值了,但是图书馆却会将它们认真收藏起来,这是图书馆的一大特点。读一读这种书本和杂志,你的脑中可能会闪现很多想法哦。

我毕业于日本庆应义塾大学,至今,我还会去母校的图书馆看书。这里收藏了大量的往期杂志。这一点真的非常有意思。

专栏 2

我比较喜欢花上大半天的时间，把商务类杂志《周刊 Diamond》的往期中昭和 30 ～ 50 年这 20 年间的新年特刊大略翻一遍。每当这样做时，都感觉仿佛时间加快了脚步一般。这令我领悟书本的世界是如何变化的，反过来，也能从中看到"有哪些没变化"。

阅读往期杂志的时候，不但要阅读文章内容，还要注意去观察杂志中的一些广告。刊登了哪些公司的什么产品，其内容又是如何宣传产品信息的。广告可以说是反映时代的一面镜子，所以观察广告的变化，也能对当时社会的情貌窥得一二。

第七章

通过"书架"连接阅读与工作

01　读过的书和读到一半的书 "不可混合，十分危险！"

如何收纳和保管书籍，决定了我们能否将读书与工作紧密联系起来。

首先，制造一个除书架之外放置图书的地方，这一点很重要。这个地方既可以是厕所也可以是客厅茶几，抑或是书房桌面上，总之哪里都可以。但要注意，一定不能将"读完了的书（指的是没有从头到尾读完，但阅读已暂时告一段落的书）"和"正在读的书"混在一起。

因为当你在思考该读哪一本书的时候，"总之暂时先不读了的书"和"正在读的书"一旦混淆在一起，挑选当前应读书目的效率就会降低。

请将"挑选书本"的时间归零

在信息理论中,尤其是在网页界面设计领域之中,有一个普遍的法则,被称之为"席克定律"。它指的是"用户作决定花费的时间长度,和他所面临的选项数量成正比"。简单来说就是,设计车辆驾驶席或家用电器的操作面板时,选项设计得越多,越容易令使用者陷入迷茫,从而花费更多的时间去做决定。

这个"席克定律"其实也适用于书本的界面——书架。也就是说,当你在思考"该读哪本书呢?"的时候,**如果"已经读完的书"和"正在阅读的书"混在一起了,那么就会为你的选择带来更大负担,选择的时间也会被拖长。**

我在第一章的原则6中写到,为了增加阅读量而去花费时间,或是学习速读术,倒不如先将无所事事的时间——"闲置时间"减少到最小。为了减少闲置时间于是挑选书本,结果在挑书上又花了很多时间,这等于是本末倒置了。

因此,"放置已阅图书的地方"——书架,以及放置正在阅读的图书的其他地方,这两者必须要分开。

02 读到一半的书越积越多，聚沙成塔

将正在阅读的书放在哪里比较合适呢？我最为重视的办法就是：聚书成塔。具体说，就是将家中读到一半的书堆积起来，收纳成为"书塔"（这种书塔架在网络上能够买到），在公司的书桌上也可以用"堆叠"方式来收纳。

到使用这种方式为止，我对书的收纳已经经历了很多变迁。以前是在书斋的桌子上堆着，床边上堆着，这个方法有一个最大的问题，那就是书堆最下层位置的书本不会再次浮到最上层，会变得仿佛深埋地底的化石一般。

只有在一年一度大扫除挪动书本的时候，才会发现"诶？啊呀，原来我之前还买了这本书呢？我当时为什么想买这本书来着？"这种情况出现的概率非常大，这当然是不行的。

轻松抽一本带出门

　　正在阅读的书应该尽量多准备一些，这样我们就可以看心情马上随机挑选想读的书本，这正是减少空闲时间的一大要点。但是面对一座"书塔"时，每当想要翻出位于书塔下层的书籍，就有可能会把书塔弄塌，为避免这种情况出现，就没办法再用随机挑选的方法了。聚"书"成塔也就变得比收进书架之中还要不合理。这样一来，别说是席克定律，我们甚至无法做出选择。

　　在此，我们的救世主就登场了，这就是书塔架。这种书塔架也就只占一个长宽约30cm的面积，但是整个"塔身"却能收纳50本左右的硬壳精装书。从实际情况去考虑"正在阅读的图书数量"，这种书塔架具备足够的收纳能力。

　　这个书塔的优点在于，它设有支撑书本的板面，所以即便将书本放在了最下层，也能轻松将书本抽出来。

图片中显示的是我的书塔，因为它设有支撑书本的板面，所以能够在不弄塌书塔的前提下轻松将最底层的书本抽出来。

03 | "书塔"→书包→书架／废弃品收纳纸箱

把感兴趣的书买回家之后,我们会将它放在"书塔"上。接下来,每天上班或外出时,在家中如厕或准备入睡时,都可以按自己当时的心情和阅读状态从书塔中选择合适的书本去阅读。

当然,阅读的时候可以画线也可以写写画画,尽情弄脏书本。接下来,在读完的书(分过类的书本)之中,以后可参考的可能性较高的,时常想要重温的书本就搬进书架子里,不能满足这两条的那些书,就放进废弃品收纳纸箱。这个废弃品收纳纸箱放满了,就拿去处理掉。

"一直坐板凳的人"就要被开除!

也就是说,处理已购书本的基本流程如下:

书塔

↓

书包

↓

书架/废弃品收纳纸箱

我之所以加上了"基本"两个字，是因为一直堆在"书塔"上的书，就像个很难有出场机会，一直坐在板凳上的运动员一样。也就是在书店或者亚马逊上看到后感觉"哦！好像挺有趣的！买下来读读看吧"，于是就买下来的书。之后，我们的兴趣可能就转移到了其他一些地方，于是就没能再提起兴趣读下去了。

这种情况其实还是经常出现的。例如："可能会承接某一项目，于是为了提前做准备就去买了书，结果这个项目取消了"或者"想和心仪的女性愉快谈天，于是选择了一些和这位女性的工作有关的书本，结果发送给她的邮件却迟迟等不到回复"，等等。这类情况下买到的书不论在书塔上放多久都只是浪费空间，所以就应该定期地、干脆地丢弃掉。

问自己："现在想读吗？"能够处理掉一半存货

我会在每年的年末重新审视一遍自己的书塔。审核标准是"这半年间一次都没碰过的书"再加上"现在没有想读的念头的书"。

此处的关键点就在于**严格地问自己:"现在想读吗？"**这个时候不要去想那些"以后是不是有可能会想读呢？"或是"嗯……以后可能会读读看吧……"一类太遥远的事，否则，就扔不了多少书了。

将中途喊停了的策划项目，没能成功共进晚餐的女性，诸如此类的惋惜干净利落地舍弃掉向前进，这一点非常重要。分子生物学者福冈伸一曾在其著作《运动的平衡》中讲到，从分子水准来看，我们人类的身体差不多一年左右就会彻底更新，而这种"剧烈的变化"和"一个人本身并未有任何变化"这两者，究竟是如何维持生命的。如果将这个思维方式放在书塔和书架上的话，就好比同一本书长期赖着不动地方，那就等于是这种"运动的平衡"被打破了，进入了一种停滞的状态。

04 "空隙"或许会为你带来"命中注定的那一本书"

到了年末重新审视我的书塔,就会干净利落地处理掉一半左右的书。这样做的话,就又有放置新书的空隙了。

"有放置新书的空隙"这一点十分重要。

因为如果将书塔塞得满满当当,周围也都摆满了书的话,**买新书的时候总会为自己做这样的心理建设:"书塔已经塞得够满了。某本书现在还没读呢,总之先给书塔腾出点空隙吧,在此之前就先别买新书了。"**

错过了"那一时刻"就不会再见了

和书本的相遇真的需要"缘分",这个机会一旦错失,就不会再度遇见相同的状态了。

例如，书塔被塞得太满了，于是没法购买心仪的书本，这就和家中的贮藏空间已经满了，于是对于从自己眼前晃过的那些看上去很美味的猎物感到十分犹豫的心情非常相似。作为知识的猎人，就应该毫不犹豫地向着目标书籍射出那一箭，拿下它。为此，一定要多多留意，定期清理掉书塔中那些已经不适宜再占据其中的书目，适当为书塔腾出些空隙。

05 别让书架成为"死火山"，要让它做个"休眠火山"

接下来，在经由书塔阅读的书中，属于"今后还想要用作参考"或是"有机会的话还想重温"的书可以放进书架里，不符合这两点条件的就可以收进废弃用的纸箱子了。如果一本书中"今后还想要用作参考"的部分只有2～3处的话，那就只将这部分摘抄到印象笔记上，这本书本身则可以处理掉了（这一点我已经在前文的帕累托法则中提到了，"一本书中两成的内容成就了八成的效果"）。

当然，这只是常规看法，在众多书籍中，自然也有"从头到尾都是干货满满"的书，以及"只记住其中一行字，剩下的全都可以扔了"的书。

前者这种书用来摘抄就很没必要了，所以最好是放进书架，留在手边。而将后者放进书架则是对空间的一种浪费。

如果是职业作家或评论家，那么准备超级巨大的书架，不断地积攒着各色书目，这种情况当然可以被允许。然而普通人家中的书架大小是有限的，一定要尽量去活用这个有限的空间。所以如果一本书可参考的部分真的非常少的话，我就会将这一部分拍照，或摘抄在印象笔记中。

从感觉上讲，读完的书中实际能放进书架的也就只占一成左右。需要摘抄、制成电子文档的书也只占一成，剩下的八成都可以直接处理掉。

活火山、休眠火山

总结来讲，放置书本的场所基本只分为两类。

第一场所：放置接下来想要阅读的书目的场所＝活火山

第二场所：放置有机会的话希望能参考的、想重温的书目的场所＝休眠火山

此处有一个重点，那就是"书架并不是死火山，而是休眠火山"。常有人将书本放在书架上之后很多年都不翻一次，但如果你将书本当成是知识生产的工具，并将其放在书架中的话，放置这种长期不碰的书本会产生两点很大的弊端。

第一点是，这种书在书架中占据了一定空间，它就会挤占放置新书的空间。我在讲解书塔的使用方法时也提到过这一点，如果新书没有放置的空间，那么结果只会导致我们摄入知识的总量减少。倘若将买书→书塔→书架这个过程当成是一种知识生产的过程，那么这种做法就会导致书架出现瓶颈，新书的购买出现停滞，结果就限制了我们摄入知识的总量。

比如评论家立花隆，他是一位专门购入房产用来放书的勇士。但这种情况只适用于拿文笔当饭碗的人。从常识角度来看，一般的商务人士所拥有的书架大小，就是想要放新书，那就只能先处理旧书才能腾出地方的大小了。反过来讲，倘若不处理旧书，那就没有空间放新书，最终，**如果你一直在书架上放一些很多年都没有翻过一回的书，那必然会限制你摄入新知识的总量。**

书架就是思考的辅助工具

将长期不看的书本放进书架的第二个弊端，就是会导致书架所能提供的信息价值整体下跌。

书架在"收纳书本"这项功能之外，还有更加重要的一项功能，就是充当思考的辅助工具。我在前文中便已提到，当我们在思考的过程中陷入无法产生灵感的僵局时，一边望着书架一边思考，会为你带来知识层面的刺激，收获意想不到的灵感。

也就是说，书架其实就是我们"外部化了的头脑"。因此，请你参照在反刍记忆的同时仔细而反复地思考的这样一个过程，尝试按照一边看着书架，一边回忆"啊，我记得某本书里似乎讲到了这些呢！"的方式去思考。

如此一来，**书架在收纳书本的功能之上，还肩负着"成为最新关注点的索引"**，为我们的思考提供辅助的功能。那么接下来会发生什么呢？讲到这个地步，我想你应该已经明白了吧。没错，如果你的书架里一直都摆着一些很多年都不翻一翻的书，那么在你"望着书架进行思考"时，书架为你带来的刺激就会减弱。

阅读，其实就是在和一本书的作者进行一场虚拟的对话。

面对书架思考，就是通过书脊，和一位又一位作者进行对话。而多年未曾翻阅的书本则完全无法为你带来刺激感。那本书的作者，已经无法与你对话了。

从知识生产的贡献来看，这样的一本书，就算收在书架里也没有什么意义。

06 不要按照开本大小，而是要分门别类去设置你的"书架"

改变书架上面书籍的排列顺序，同样也能令你的创意产生变化。其中最为重要的一点在于：不要通过书本的体裁和开本尺寸去安排书本的排列顺序。

我们一般在摆放书的时候，会将杂志或写真集这一类开本较大的书籍放在书架的下层，然后，将文库本及新书等开本较小的书籍放在书架上层。二者之间的中段区域，则大多会放一些普通开本的硬壳精装书。

这种排列方法从短期视角来看可能还算不错，但我并不推荐你这样做。不按尺寸，而是按照主题去摆放书本，这样才更容易使书本之间产生关联性，从而增强对我们的知识刺激。

比如：我就设定有"创新"这样一个主题，那么与这一主题

📖 不要按照开本大小，而是要按"主题"来整理

"创新"区域

建议大家使用多层正方形结构的书架。彩色收纳箱也不错！

第七章 通过"书架"连接阅读与工作

相关的书本我都会归类在一起,并不在意它们是文库本、杂志,还是精装书。

改变书架的排列顺序,也会改变创想。或许有人会问:"真的会这样吗?"

请千万别忘了,创造性其实本质上就是"能够与意外相关联的能力"。为了成就这种"关联",就必须创造一个便于我们去进行"关联"的环境。

07 改变创意从改变书架的排列顺序开始

大多数能够发挥极高创造性的人都是十分重视"关联"的。例如乔布斯就曾在如下一番话中强调了这一点。

> 创造性其实就是"为某些事物创造联系"。倘若去问一个有创造力的人:"你是如何创作的?"那他们或许会有些难为情吧。因为他们其实并没有创造什么东西。他们只是将经验之中所获得的知识联系起来,并将其整合成为了新的东西。

乔布斯认为,所谓的创造其实并不是"产生某种新的事物",它只不过是"进行某种新的组合"。大多数能够发挥极高创造性的人,对此都抱有一致的看法。

例如，詹姆斯·韦伯·扬就在他的那本被广告设计者们视为"圣经"的《创意的生成》一书中进行了类似的阐释。扬在该书中讲述了两大基本原理。

第一："所谓创意，它不是别的，就是对既有要素的新组合"。
第二："创造新组合的这种才能，需依存于发现事物关联性的才能之上"。

最终，扬和乔布斯都表示，"只有组合，才能创造"。

这样做，能为书本创造联系

然而，在头脑中组合一些意想不到的灵感，这实在是太难了。毕竟"意想不到"的组合，本身就是想象不到的。

因此，**我们才要从物理层面上去改变书架的排列组合，尝试变动书本之间的联系。**

例如，将之前放在"领导能力"一格之中的司马辽太郎的著作《龙马风云录》，改放入组织设计一栏中，在它旁边，放上一本网络理论的名著——邓肯·瓦茨所著的《小小世界》。

如此一来，讲述组织的巨大变革的故事《龙马风云录》和考察人与人之间的关联方式将如何对态度的形成产生影响的《小小世界》便产生了联系，我们会得出这样的启发——想要在组织变革的进程中拥有越来越多的伙伴的话，那么首先应该将龙马这种身居关系网络连接点的关键人纳为己方，这一点非常重要。

只将《龙马风云录》当成历史小说，将《小小世界》当成是网络理论的相关著作的话，我们很难得到如上的这一番启发。而将这两本书摆在一起，认识到"这两本书虽然分属于完全不同的两个领域，但是不知为何，它们本质上却都讲了同一个问题"的时候，也就是新的启发诞生的时候。

请尝试每半年为你的书架做一次重大的排序调整吧。我想，你一定能够收获一些新鲜的刺激。

专栏 3

旅行或出差时可以阅读电子书

对于我这样认为"书就应该翻烂读脏"的人来讲,读书的范围基本就是"纸质书"了。因此,我在日常生活中并不经常阅读电子书籍。唯一的例外就是,在"旅行、出差中需要阅读漫画和小说时",我是会充分使用电子书的。

我在前文中讲到过,一般外出时,我会主要围绕文库本和新书,挑3本左右放进随身包中。但是这么几本书我很可能花个3小时左右就全都读完了。

例如,我工作的地点是东京,如果需要去关西出差三天两夜,只带三本书的话我可能在去程的新干线上就会全读完。这可就不好办了。而且我基本不看电视,到了暂住的酒店也就只能上网冲浪了。为了避免这种情况出现,出差的时候我一定会随身带着Kindle。我的Kindle里有数本商务类和通识类书籍、小说,以及大量的漫画。手握Kindle,我就能避免"随身携带的书全读完了于是无聊得要命"的状况出现。

尤其是读漫画的时候,Kindle真是帮大忙了。我想大家都有过这样的烦恼吧?漫画这类出版物又贵又沉对吧,这其实正是漫画这种媒体的一大特征。简单来说,漫画的单位体积所对应的信息量和铅字印刷的图书相比要小,所以无论怎样,从物理角度来看分量都会更大。我除了唯一的一套想留在手边的纸质漫画——《危险调查员》之外,剩下的漫画基本都放在Kindle里阅读了。

出差时想读的书都要存进Kindle中吗?有没有存了电子书还是想拿着纸质书的情况出现呢? 关于这个问题,我的选择是,除非特殊情况,否则漫画和虚构类作品就存作电子书,而非虚构类或商务书籍,就尽量挑选几本不是太重、不太占空间的书，也就是文库本或新书的实体书随身携带吧。

从个人角度来说，小说要比商务类书籍和非虚构作品更适宜放进电子书里。商务类和非虚构类书籍的基本阅读方式是随机翻阅，"只读想读的部分"，使用电子书的话就很难做到这一点。

先读目录，看到感兴趣的标题就马上翻到相对应的正文开始阅读。如果感觉没什么兴趣，就跳过几页。这样做可以大致浏览全书，只挑给人感觉有深意的部分去读。以上这些在本书中介绍的商务图书基本阅读法对于电子书来说并不太合适。

但是，小说却无论如何都是先从头开始读的。也就是说，阅读小说时使用的方法并不是随机翻阅，而是按序阅读。采取这种读书方式的时候，电子书的短板就不太明显了，而它便于携带的优势则会更加引人注意。

特别附录

只读这些就可以!
商务图书曼陀罗

只读这些就可以！

其他（经济学、心理学、社会学等）

通用管理

- 《合作的进化》
- 《思考，快与慢》
- 《心流》
- 《内在动机》
- 《贫穷的终结》
- 《贫困与饥荒》
- 《新教伦理与资本主义精神》

- 《经济学原理》
- 《影响力》
- 《动机与人格》
- 《小小世界》

- 《我在通用汽车的岁月》
- 《安迪·格鲁夫传》

- 《黑猫宅急便的经营学》
- 《谁说大象不能跳舞？》
- 《极度驾驭》
- 《敲了石桥过不去河》

- 《MBA经营战...
- 《(改订第三版...
- 《公司不教，...
- 《人事专家的贴...
- 《工作的原理·...
- 《做决策所需的...
  取经营成果所...

- 《(新版)经济性工学的基础》
- 《魔球》
- 《何为战略性思考》
- 《哈佛决策课》

- 《知你所不知》
- 《情景规划：未来与战略之间的整合》
- 《统计数字会撒谎》

- 《阿蒙森与斯科特》
- 《上任第一年2：从职业经...
  到高级管理者的成功转型...
- 《南极："忍耐号"历险记...

- 《孤筏重洋》
- 《管理：任务、责任和实践》
- 《情商》
- 《史蒂夫·乔布斯传》
- 《君主论》

决策

领导力

商务书曼陀罗

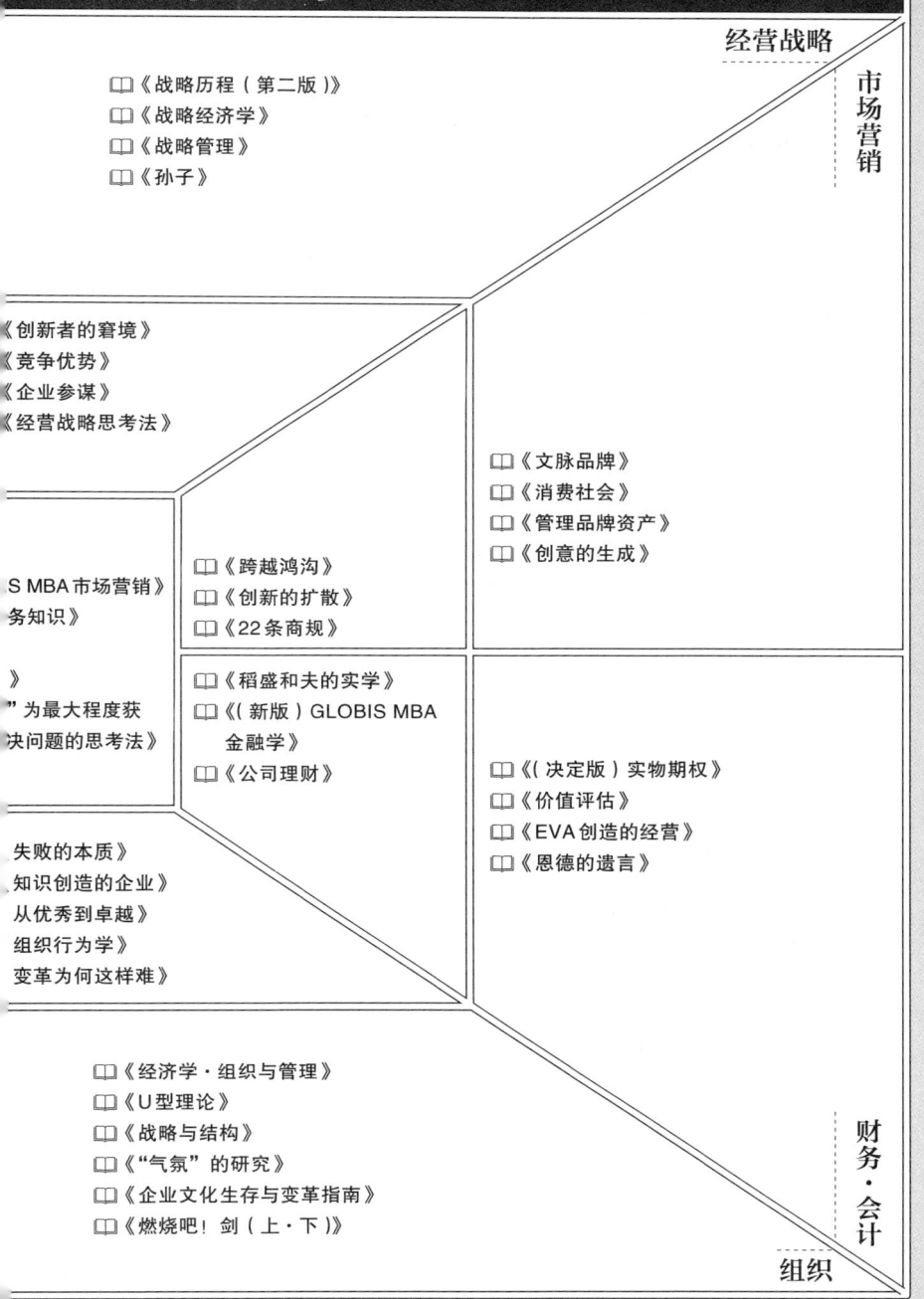

书籍介绍参见176页

经营战略　市场营销

- 《战略历程（第二版）》
- 《战略经济学》
- 《战略管理》
- 《孙子》

《创新者的窘境》
《竞争优势》
《企业参谋》
《经营战略思考法》

- 《文脉品牌》
- 《消费社会》
- 《管理品牌资产》
- 《创意的生成》

S MBA 市场营销
务知识》

- 《跨越鸿沟》
- 《创新的扩散》
- 《22条商规》

》
"为最大程度获
决问题的思考法》

- 《稻盛和夫的实学》
- 《(新版) GLOBIS MBA 金融学》
- 《公司理财》

- 《(决定版)实物期权》
- 《价值评估》
- 《EVA创造的经营》
- 《恩德的遗言》

失败的本质》
知识创造的企业》
从优秀到卓越》
组织行为学》
变革为何这样难》

- 《经济学·组织与管理》
- 《U型理论》
- 《战略与结构》
- 《"气氛"的研究》
- 《企业文化生存与变革指南》
- 《燃烧吧！剑（上·下）》

财务·会计

组织

超基础六册

《MBA经营战略》
（相叶宏二、GLOBIS商学院　编）

只要读过这本书，你就能对"全局观"有所掌握。并不需要阅读GLOBIS系列丛书。一定要仔细甄别出好书来阅读。

《（改订第三版）GLOBIS MBA市场营销》
（GLOBIS经营大学院　编著）

本书内容主要涵盖产品生命周期曲线、SWOT、4P等营销的基本点，也就是所谓的"商务用语基础知识"。本书是营销的基本框架，对于初学者来说是一本十分理想的读物。

《公司不教，但要你懂的财务知识》
（石野雄一　著）

本书省略了商学院教科书中详细记录的具体计算方法，彻底从"金融角度采取怎样的思考模式"的角度铺陈。可以说是一本"见林不见树"的金融书籍。而比起"见树"，"见林"更能够提高感受力。

《人事专家的财会书》
（协和发酵工业）

财会类的书籍大多都比较枯燥乏味，这本书则写得比较简单易读，令人愉快。之所以读起来会感到愉快，是因为通过财会的学习，可以锻炼到经营方面的眼界。读了这本书，我们就能够充分认识到资产负债表和收益表之间的关联性了。

《工作的原理·解决问题篇》
（斋藤嘉则　著）

虽然这本书的书名里并没有麦肯锡，但是据我所知，这本书是最接近该公司内部培训资料的一本书了。本书出版后，又有诸多打着"麦肯锡流"旗号的书籍出版，但是只需阅读本书即可，不必再读其他的书了。

《做决策所需的"分析技术"为最大程度获取经营成果所准备 发现·解决问题的思考法》
（后正武　著）

这本书同样缜密地讲解了麦肯锡公司内使用的分析技术。其中的"分析"正是其字面意义，"区分"和"解析"。读过这本书后，你便能够了解切入点的诸多种类了。在分析结果的表现方法方面，本书也展示了大量的案例，是一本有利于参考的书。

经营战略 基础4册

《创新者的窘境》
（克莱顿·克里斯坦森　著）

我们常说，在商务领域中"专注于顾客的要求"十分重要，但是这样做反而可能阻挡了创新的脚步，本书想要传达的正是这样的一种讯息。而且为了得出这一结论，书中所使用的例证和观察方法质量极高，可以称得上是知识生产物的优秀范本。

《竞争优势》
（迈克尔·波特　著）

本书所讲述的5种类型及价值链体系，其实只占本书一半的价值。这本书真正的价值在于细致缜密地展开论证，从而得出结论。这本书使我们了解了，在商务工作中就是应该这样去转动头脑。

《企业参谋》
（大前研一　著）

这本书和前一本一样，如果你只将它当做一本了解3C（顾客、本公司、竞争）体系的书，那就太浪费了。阅读这本书之后我最受触动的是"这本书竟然用如此执着的、逻辑性的思维方式，将事物彻底研究到如此程度！"这样一种知识态度。通过阅读这本书，学习不再放任"稀里糊涂""循规蹈矩"的态度，这才是本书的珍贵之处。

《经营战略思考法》
（沼上干　著）

如本书正文所述，经营理论领域存在多种多样的流派，这些流派都各有其倾向。本书就"这些流派都呈现何种倾向，这些流派各自又如何在商务思维之中对号入座，加以运用"这样的问题，进行了简明易懂的讲解启发。

经营战略 应用4册

《战略历程（第二版）》
（亨利·明茨伯格、布鲁斯·阿尔斯特兰德、约瑟夫·兰佩尔　著）

本书将《经营战略思考法》进行了更进一步的细化。较清晰地将经营战略论的各种流派之中的精华进行了相对切实的解说。通过这类书籍，我们可以掌握各个流派的倾向，或许也能因此避免在实际的商务领域之中做出偏颇的决定。

《战略经济学》
（戴维·贝赞可、戴维·德雷诺夫、马克·尚利　著）

我常说："要想得出附加价值，就应该着眼于'连接点'上"。这本书就是一本尝试将"经济学"和"经营学"连接在一起的书。读过之后就能明白："经营是能够彻底通过微观经济学框架来说明的。"书中还使用了很多数学公式，所以它是整个曼陀罗书系里对读者的知识体力要求最高的一本。

《战略管理》
（杰伊·B.巴尼　著）

大家一般会将这本巴尼的著作放在和波特的市场定位理论相对立的位置上。不过读完之后你就会明白，这本书其实是一本清楚明了地讲解市场定位理论的书。我曾在正文中提到过"大师的著作往往会有一定的倾向"，那么读过这本书你就会明白波特理论的界限究竟在何处了。

《孙子》

我认为，孙子的价值正体现在一些"理所当然"的地方。因为商务类图书在针对各种情况时往往会对"理所当然"表现出蔑视，顺应相关人士的便利和欲望，做决定时总是在顺应过往例子的逻辑。而孙子在面对各种情况时则会先确认"理所当然"的部分，与此同时，他还是提出主张时所必需的强大同伴。

市场营销 基础3册

《跨越鸿沟》
（杰弗里·摩尔　著）

读过这本书后，你将学到如何在新创业时"去做正确的觉悟"。当一项新的事业开始运转，你迷茫于"自己现在是否走在正轨上"时，《跨越鸿沟》这本书会提醒你"之后即将到来一道鸿沟——chasm，而想要越过这道鸿沟则是十分艰难的"。

《创新的扩散》
（E·M.罗杰斯　著）

只要是优秀的服务和商品，就一定会得到普及扩散——这是一个时常被误解的命题。本书价值就在于极致详尽地分析了相关案例，倘若你想知道"达成普及扩散所必需的是什么"，那么请务必读一读这本书。和前述的《跨越鸿沟》一样，它也是从事创业和创新工作的人必读的一本书。

《22条商规》
（杰克·特劳特、阿尔·里斯　著）

这本书将成功的市场营销模式总结成了22条商规。这本书在电通公司内部被推为必读书目。本书的最大价值在于，清晰点明市场营销是彻头彻尾的"针对顾客认知的行为"这一点。而在容易流于大数据及技术性分析的当下，我们尤其需要再仔细阅读这本名著。

市场营销 应用4册

《文脉品牌》
（阿久津聪、石田茂　著）

品牌理论相关的图书大部分都没什么价值，不读也罢。因为商务人士读过之后并无法从中找到该如何去做的答案。但据我所知，本书却十分明确地回答了这个问题。本书指出，如果想要将品牌语言化，就应该重视"文脉"，这一主张令人十分认同。

《消费社会》
（让·鲍德里亚　著）

既然市场营销被定义为"促进必要以上的消费的技术"，那么人是为了什么而消费的呢？本书认为，人是为了能够"获得表现出和他人之间差异的记号"，所以才会去消费。书中还包含有丰富的营销及品牌相关的认识。

《管理品牌资产》
（戴维·阿克　著）

如果说前面提到的《文脉品牌》是一本与"创造品牌的方法"有关的书，那么这本《管理品牌资产》讲的就是"培育品牌的方法"。好孩子＝好的品牌该如何培养？围绕这个问题，我们可以把这本书当成一本示例研究的简介图书，读过这两本书后，其他品牌类的相关图书就不需要再读了。

《创意的生成》
（詹姆斯·韦伯·扬　著）

这本书在我刚入职电通接受培训的第一天，就发到了大家手上。本书所写的是想要不断产生新创意所需遵循的基本法则。对于想要获得新创意的个人来说，这本书是非常有用的，同时，就"想要在组织中产生一些新的创想需要什么？"这个问题，我们从这本书中也能找到一些解答。

财务·会计 基础 3 册

《稻盛和夫的实学》
（稻盛和夫　著）

京瓷成功构筑了他人无可比拟的独特管理会计体系，读过这本书，你就会明白京瓷成就背后的思想。此外，和财会人员主张的"会计一般都是这样想"相对，稻盛和夫会在本书中深刻探讨"为何会这样想"，从中，我们也可以学到"零基思考"的相关知识。

《(新版) GLOBIS MBA 金融学》
（GLOBIS经营大学院　编著）

在金融这一领域中，对于大多数商务人士来说，比起掌握实务性质的技术，理解金融这项竞技中的"采分项目和其背景思想"是非常重要的。这一点和奥林匹克运动会中的审美系竞技比赛项目是一样的。关于这一点，本书做出了简单的总结以帮助我们理解。

《公司理财》
（理查德·A.布雷利等　著）

本书为欧美商学院必备教科书。但我不建议阅读全书。选一些个别的、想要更深了解的要点，你就能知道它为什么会被称为"必备教科书"了。也就是说，这是一本金融相关的百科事典，用读字典的方式去阅读会比较适宜。

财务·会计　应用4册

《(决定版)实物期权》
（汤姆·科普兰　著）

归根结底，金融是决策的艺术。其中的多数又用于从几个选项中选择最优秀的。而《实物期权》则在诸多选项中加入了"推迟选择"这一新选项，这是具有划时代意义的。对"不去选择"的这一选择做价值评估——仅是为了获得这种观念，读这本书也是很有价值的。

《价值评估》
（麦肯锡公司、蒂姆·科勒、马克·戈德哈特、戴维·威赛尔斯　著）

本书网罗了收购或售出企业时所必需的方法与观点，且书写手法十分浅显易懂。如果你的工作不是直接与企业买卖等实际业务相关，那么就无须全部读下来。你可以把这本书当成一本大百科，只选出一些必要的或是你比较在意的点去翻阅查找即可。

《EVA创造的经营》
（贝内特·思特　著）

想要去理解人和组织的行动，就有必要去理解作为对象的人或组织是以怎样的价值基准获得行动动机的。本书的价值正在于此。读过这本书，你就能理解20世纪90年代以来美国企业是遵循怎样的"得分基准"进行决策，并付诸行动的。

《恩德的遗言》
（河邑厚德　著）

这并不是一本金融书，也不是一本商务书。但是如果你想学习财务知识，那请你一定读一读这本书。因为这本书会告诉你，成就所有金融理论之根本的"利息即盈余"这个前提，其实本身是非常脆弱的。希望大家在理解金融用语的同时，也不要太受其束缚了。

组织 基础5册

《失败的本质》
（户部良一 其他　著）

企业其实就是决策的集合体。从社长到新员工，从新年第一天到一年的最后一天，大家都在一刻不停地做着决定。这些决定是巧是拙，左右了企业价值的高低优劣。那么，究竟是什么在影响决策品质的好坏呢？信息量？理论思考的能力？不，其实是"气氛"。这本书要告诉我们的正是这一点。它也是学习组织论所必读的一本书。

《知识创造的企业》
（野中郁次郎、竹内弘高　著）

本书首次阐明了"形式知识＝经过语言化之后可以传达给他人的知识"和"沉默知识＝无法通过语言传达给他人的知识"这两种结构的著作，如今这一结构已被广泛知晓。在组织中生发出知识，继而共享并传承这些知识——本书十分简洁地将这样一个过程整理成模型。在现如今这样一个"知识"被视为竞争优势之源泉的世界，我们更需要再读一读这本书。

《从优秀到卓越》
（吉姆·柯林斯　著）

本书是一本从庞大的案例分析中总结启发教育的著作。它指出的"从组织论的观点来看，比起'好的企划'，'好的人'才更为重要"，这一点十分有趣。简单来说，本书主张"经营战略不应该去预定调和"，应该先将优秀的人聚集起来，然后再开始推进工作，这样企划之中才能产生创造性。希望那些总是将关注点放在计划立项上的组织中人能够读一读这本书。

《组织行为学》
（斯蒂芬·罗宾斯　著）

本书是欧美的商学院在学习组织行动论时必用的一本教科书。从内容来看，这其实是一部组织行动论的相关"事典"。包罗并简要说明了各个项目，并且还为想要进一步学习的人介绍了一些专业书籍。本书无须通读，正确的使用方法是，就个别的要点产生疑问时，翻找相对应的关联项目进行阅读。

《变革为何这样难》
（罗伯特·凯根　著）

本书在书名中使用了疑问体的"为何"这个词，面对这样的疑问，书中给出的答案却十分简单，"因为害怕，因为不想去变革"。这本书告诉我们，如果不去直面围绕企业变革产生的"心理问题"，那么即便从技术层面上学习再多知识也是徒劳。

组织　应用6册

《经济学·组织与管理》
（保罗·米尔格罗姆　著）

本书通过微观经济学的结构，将企业组织内部的活动进行了一个整体性的梳理。可以说是一本工程浩大的著作。本书无须通读，挑选你感兴趣的标题翻看就能收获阅读的快乐。毕竟，从组织中人的工作这种"具象"中进行抽象化处理，也就是进行模型化处理的观点，是非常值得我们学习借鉴的。

《U型理论》
（奥托·夏莫　著）

人或组织无法改变的根本原因其实并非能力问题，而是因为"恐惧"和"念旧"，那么只有彻底认识自我，才能推动变革。本书就"那么该从哪里开始着手呢？"这一问题，在据我至今所知的范围内，为我们提供了最为概括性、实践性的点子。

《战略与结构》
（艾尔弗雷德·D.钱德勒　著）

当今的日本，已经几乎不存在真正从战略角度进行组织设计部署的公司了。简单概括来说，本书的内容既是"引进事业部制[①]之来龙去脉的相关案例研究"。通过阅读，我们再度体验到了当时的人们是以怎样的思路引进事业部制，通过这种体验，也学到了战略如何落实到组织之中的思考要点。

---

① 企业组织内部的一种分权管理形态。设置按不同事业、产品进行收支决算的经营单位（事业部），旨在提高经营效率。

《"气氛"的研究》
（山本七平　著）

本书指出：在日本的组织中，左右其决策的最大因素就在于"气氛"。虽然本书在论点的展开上叙述冗长含糊，但是阅读本书的最大收获，就是能够养成对"气氛与组织的效率"这方面的意识。因为杰克·韦尔奇或本田宗一郎所苦心思索的，其实也正是"如何才能构建一个不需过度关注气氛的环境"。

《企业文化生存与变革指南》
（埃德加·沙因　著）

常听到这样的声音，呼吁着要改变企业水土，改变企业文化。我认为，在进行这样成效甚微的努力之前，不妨先读读这本书。本书简要阐明了"想要改变企业文化的努力必然会失败"的主张。而它给出的理由也是相当简单且令人信服的。这本书是思考组织与文化时必读的一本。

《燃烧吧！剑（上·下）》
（司马辽太郎　著）

"新选组"这个组织，被一部分研究家誉为史上最强的剑客集团。但是这样一个强大的组织，究竟是如何在短时间内组建起来的呢？这本司马辽太郎的高人气历史小说可以说是一部顶级娱乐作品了，读过它之后，我们会从土方岁三身上深受启发，学习到他那种将繁杂且人数众多的组员打造成最强集团的组织运营法。

领导力　基础3册

《阿蒙森与斯科特》
（本多胜一　著）

争抢着首次到达南极点席位的阿蒙森与斯科特，是如何领导他们的团队的？此外，他们自身的工作内容和团队其他成员的工作内容又是如何进行分配，从而推动组织运营的呢？重视规律的精英和近乎欺诈师一般的船长展开战斗，最终却是后者获得了胜利，原因是什么呢？可以说，这本书在创立事业及人才使用上能够给我们带来极为深刻的提示。

《上任第一年2：从职业经理人到高级管理者的成功转型》
（琳达·希尔 有贺裕子 著）

职员和管理层的分工虽然完全不同，但是很多优秀的职员在进入管理层之后，仍然坚持按照自己一直以来倍受好评的方式去工作。其结果，就是产生了大量无法引出组织潜能的指示命令型领导。这也正是如今大部分日本企业的现状。本书的最大价值在于告诉我们，管理层应该明确且简要地指示需要执行的工作。

《南极："忍耐号"历险记》
（欧内斯特·沙克尔顿 著）

登上南极大陆后，船舶沉没，探险队员们丧失了回家的工具，他们出于怎样的动机去坚持生存下去呢？最终队长沙克尔顿克服了一年半的苦难，带领全船队员平安回家。作为在这一过程中展示出的各色手段，引领组织面对难关的队长，沙克尔顿在本书中为读者提供了各式各色的创意。

领导力 应用5册

《孤筏重洋》
（托尔·海雅达尔 著）

本书作者海雅达尔为了证明波利尼西亚人是驾驶木筏从南美洲远渡而来的这样一个假说，于是自己驾驶木筏"康提基号"展开了探险。说得极端一些，这种行为几乎等于自杀。可是很多人在看到了康提基号船员招募的广告后却纷纷涌来报名，而且在航海的过程中也并没有产生悲壮赴死的氛围，这究竟又是为什么？这本书为聚集人员，进行鼓动的领导工作赋予了极为丰富的启发。

《管理：任务、责任和实践》
（彼得·德鲁克 著）

不要意图从本书中获得技能与知识。其实作者德鲁克在本书中主要是对一些哲学性的问题，如"所谓管理=经营究竟是什么？以何为目的？"做出解答的。或许正因如此，领头人才能聚集起众多支持者吧。人们常说，领导者必须拥有"稳而准的判断标准"，本书则十分适合用来确认这种标准的"核心"。

《情商》
（丹尼尔·戈尔曼　著）

想要成为领导，最先需要着手的就是尝试去扮演"领导角色"。本书就此提出了"控制大脑"的主张。我们的大脑是由理性和本能所组建的，表演某个角色是一种理性，而角色的崩塌即意味着本能的泄露。本书的最大贡献在于，让你能够在本能冒头时，及时注意到"哦，情况不对！"

《史蒂夫·乔布斯传》
（沃尔特·艾萨克森　著）

阅读本书，你会详细了解乔布斯每一天都是如何与员工沟通的，这也是本书的主要着眼点。提到领导者，人们总下意识联想到一个"被爱戴、被尊敬、受仰慕"的人，但是，本书却提到了如下启示，那就是：正如马基雅弗利所指出的，"被惧怕，被躲避，被憎恶"，或许也同样是必要的。

《君主论》
（尼可罗·马基雅弗利　著）

本书主张：想做好人，就做不成领导者。现如今这种论调似乎并不太受欢迎，但是回顾历史，耶稣、坂本龙马、甘地、马丁·路德·金、肯尼迪、织田信长等等所谓"遭杀害的领导者"的例子不胜枚举。本书提出了这样一个论点：被仰慕的同时被惧怕和避讳，或许这才是真正的领导者。

决策　基础4册

《(新版)经济性工学的基础》
（千住镇雄、伏见多美雄、日本能率协会 Management Center　著）

本书内容记载了我们在进行决策时，各个选项在经济性方面的比较。在决策之中，绝不是仅有经济性才能决定选项的优劣，但与此同时，当仅将关注的重点放在经济性上时，我们会发现诸多选项都能被数值化到一个前所未有的程度。这正是这本书要告诉我们的。此外，这本书也可以帮助我们了解经济性分析的极限在哪里。

《魔球》
（迈克尔·刘易斯　著）

对于一个职业棒球队来讲，挑选新人就如同一家公司在进行事业投资。为此，在做这一类的决策时该如何活用数学呢？本书对此做了妙趣横生的描述。其实不仅是棒球，很多领域之中都存在那种执拗于过往旧办法的老顽固，他们正在阻碍着世界前进的脚步，而只要读过这本书你就会明白，囫囵吞枣地全盘接受专家意见是万万不可的。

《何为战略性思考》
（冈崎久彦　著）

这本书讲的是博弈理论。通过阅读本书，你将学到纳什平衡、绝对优势/劣势等与博弈论相关的基本思考方法。在决策方面，其实相比去学习细致的计算方法，反而是通过彻底性的、理论性的思考更能够导出结论。这本书所点明的这一点认识可以说令人感到十分震撼。这本书也帮助我们学习了不要"稀里糊涂"地去做决定，应该彻底的、理性地的去追究，这样一种"知性的态度"。

《哈佛决策课》
（迈克尔·罗伯托　著）

怎样才能做出一个优秀的决策呢？面对这一疑问，本书以丰富的"失败案例"为基础并给出了答案。为什么一个组织拥有众多优秀员工，却仍反复地做着毫无竞争力的决策呢？本书将向你展示，想要作出一个优秀的决策"组织必须满足怎样的条件"。

决策　应用3册

《知你所不知》
（迈克尔·罗伯托　著）

为了做出优秀的决策，组织就需要具备一定的必要条件。其中之一就是"适时传递正确信息"。本书正是围绕这一点进行展开的。一句话概括即是"不是要提高灭火的能力，而是要具备提早观察到火情信号的神经"。在本书中，也丰富地记录下了组织之中信息流通方法的感悟。

《情景规划：未来与战略之间的整合》
（麦茨·林德格伦　著）

阅读本书的最大作用，就是了解情景规划的界限。在进行决策时，使用情景规划的确能够"便于理解",这一点毋庸置疑,但是过度依赖情景规划则是十分危险的。我们需要以认识情景规划手段的上限为前提,再去将其放入对应的情景之中进行活用。

《统计数字会撒谎》
(达莱尔·哈夫　著)

大数据等统计方面所能产生的影响范围正在逐年扩大,在如此状况之下,我们都需要掌握一些统计的入门知识。本书介绍给大家的,是以一种十分客观的统计结果为自己随心所欲得出的结论作论据时所需要的技巧。如果你不想被那些大肆宣扬统计的人欺骗,也推荐你读一读这本书。

通用管理　基础4册

《黑猫宅急便的经营学》
(小仓昌男　著)

这本书不是小仓昌南的《经营学》,它的题目就叫作《黑猫宅急便的经营学》,这个题目其实就包含了一切。也就是说,这本书的内容就是雅玛多运输的创始人小仓昌南本人所总结出来的一套经营学理念。从中我们学习到的是彻底贯彻"自己思考"的经营态度。如今这个时代正在追求着破坏先例,孕育新生,此时此刻的我们,也正适合从中汲取知识。

《谁说大象不能跳舞?》
(郭士纳 山冈洋一　著)

本书是指挥IBM公司重获新生的郭士纳所创作的"重生笔记"。不同的人在阅读这本书时会获得不同的启发,从个人角度来看,企业文化如何创立,又是如何难移的这方面分析十分发人深省。本书还对埃德加·沙因所主张的"想要改变企业文化,就必须从商业层面上改变,而不是只试着去改变文化本身"进行了案例分析,十分值得一读。

《极度驾驭》
(卡洛斯·戈恩　著)

在领导能力方面,"语言"即是全部。所以说,交流正是领导力的真谛。读过本书后,你会尤其明白这一点。树立明确目标,然后再不断地去重申,就是这样。反过来说,书中提到的"做不到某种程度,就无法彻底传达清楚意思吗?"这一点,也非常值得我们学习。

《敲了石桥过不去河》
（西堀荣三郎　著）

本书作者西堀荣三郎身兼东芝公司技术顾问，以及南极越冬队队长之职，可以说是度过了波澜壮阔的一生。体验了如此丰富的人生后，他将"管理的真谛"总结并写在了本书中。面对南极越冬这样一番未曾有过的尝试，他身为队长亲身去体验并从中收获了心得，对于同样需要时常去面对从未体验过的情况的企业人来说，了解他的这种经历也是非常有益的。

通用管理　应用2册

《我在通用汽车的岁月》
（小艾尔弗雷德·斯隆　著）

本书以通用汽车公司为题，以自传形式，讲述其中兴之祖——斯隆在面对相继袭来的难题时，是如何思考、烦恼，并做出决策的。可以说，本书也是一本案例研究类著作。斯隆的目光不单只面向通用汽车这一企业，他还高瞻远瞩到汽车行业，或者说整个美国的利益层面，通过本书，我们能够体会到他作为一名经营者的层次之高。

《安迪·格鲁夫传》
（理查德·泰德罗　著）

英特尔公司在发展进程中曾经进行了极大程度的战略转型。当创业者面临重大决断，需要下定决心舍弃掉创业时所建立起的事业时，他是如何纠结矛盾的？创业经营者的这些烦恼，外部人士是无法探知的。而本书则向大家展示了这些隐秘的内幕。

其他（经济学、心理学、社会学等）基础4册

《经济学原理》
（格里高里·曼昆　著）

关于曼昆的经济学，已经出了很多相关图书了。这本是最适用于商务人士阅读并

以此去掌握经济学俯瞰图的书。了解其中第一章的绪论部分"用经济学观念思考事物的方法"也是非常有用的。经济学这门学问有着极大的限制性，如果你想要知道这些限制都是什么，那也应该翻翻这本书。

《影响力》
（罗伯特·B.西奥迪尼　著）

读过本书后我们将了解到，经济学中的"理性经纪人"的假设并不成立，人注定会受多方因素的影响，从而歪曲了合理的判断。本书提出了"对他人产生的影响＝攻击"与"抵挡来自他人的影响＝防御"这两种方法。在交涉和讨论时，这两种知识都可以整体活用起来。

《动机与人格》
（亚伯拉罕·马斯洛　著）

迄今为止，心理学领域始终将目光专注于病患及缺陷，而马斯洛则首次关注到了此领域的积极一面。本书还讲解了著名的"欲望的五个层次"。不过在阅读本书时，比起知晓类似"欲望的五个层次"这一类的知识，从马斯洛所相信的"对人类的可能性怀有希望"的意念之中汲取能量，才是本书更大的价值所在。

《小小世界》
（邓肯·瓦茨　著）

本书从各个角度论证了"世界其实很狭小"的观点。当认识到组织的效率是受组织内部的信息流通量所左右的，那么就不难明白网络理论为我们带来的诸多启发了吧。

其他（经济学、心理学、社会学等）应用7册

《合作的进化》
（罗伯特·阿克塞尔罗德　著）

贯彻功利主义，背叛他人，还是重视道德伦理，与人相协调？选择它们哪一方，才能获得最大的利益？针对这一疑问，本书用数学进行了回答。"背叛还是协调？"在公司运营和职业选择等情况下，我们都要面临这个疑问，关于这些，本书会为我们带来极为重要的提示。

《思考，快与慢》
（丹尼尔·卡尼曼　著）

这本书的主要内容为：出于各种认知的偏颇，人类意图做出的合理决策会出现扭曲。而当我们需要防御其他公司利用这种认知的偏颇来影响己方时，或是当我们需要攻击他人、令他人的认知发生偏颇扭曲时，我们就可以活用到这本书中的知识了。

《心流》
（米哈里·契克森米哈赖　著）

简单来说，书中提到的"心流"其实就是"全神贯注"。本书阐明了想要达到这种"全神贯注"需要哪些条件。无论是工作还是训练，真正能够得出成果的人都是能够做到"全神贯注"的人。该如何让下属全神贯注地去工作呢？又或者，如果我们自身想要进入全神贯注的状态，又该如何做呢？关于这些问题，读过本书后你会得到很多有益的提示。

《内在动机》
（爱德华·L.德西　著）

当想要提高一个人的能力和意志的水平时，什么才是重要的呢？针对这一疑问，本书作者心理学家爱德华·德西指出"糖和鞭子其实都是无效的"。他的这一主张，为迄今为止的那些坚持"努力奋斗就能晋升＝糖""闲散偷懒无法进步＝鞭子"的公司传递了一个十分重要的讯号。那么究竟什么才最重要？我希望你在读过这本书之后，能够认真思考这个问题。

《贫穷的终结》
（杰弗里·萨克斯　著）

在贫困之中挣扎的国家如果想要经济进步，登上新台阶的话，他们必须要做到哪些事呢？关于这一点，本书做了较为简单浅显的解释说明。不过，这本书的内容本身并没有多少关于商务领域的启发。从我本人的角度来看，不如说是更希望能受到为了消灭全世界的贫困而广泛活用其经济学知识，自由自在地进行多方活动的作者杰弗里·萨克斯的领导能力的刺激吧。

《贫困与饥荒》
（阿马蒂亚·库马尔·森　著）

为何会产生饥荒？一般比较常见的说法是粮食生产量在减少。本书作者库马尔·森却否定了这个说法。他认为，问题并不是出在粮食生产量上，而是出现在粮食分配上。对于我们这些居住在日本的人来说，饥荒这样一个全世界都在苦恼的问题似乎很难在脑海中具象化。这本书也让我们注意到了自己的"无知"。

《新教伦理与资本主义精神》
（马克斯·韦伯　著）

在资本主义十分发达的社会中生活的人，为何全都是新教徒呢？马克斯·韦伯在这本书中尝试解释了这一问题。关于这个问题的回答非常有名，虽然本书的价值并不在结论上，而是一边积累各式各样的材料，一边推进思考的脚步。在阅读这本书时，我们将被这种"执着的思考"所打动。

出版后记

读了很多书、以为掌握了很多知识，却不知道应该如何将书中知识运用在工作和生活当中。当今社会，每天睁开眼睛就会被大量的信息轰炸，所有领域都在不断创新，而我们掌握的知识在不断折旧。如果只是持续获取固定的知识，会让知识沦为死水，无法在关键时刻发挥作用。因此，比起读多少书，怎样阅读，以及读后要怎样运用书中的知识是成年人阅读的关键。

本书作者山口周在本科和研究生时期主修哲学、美术史，但毕业后却进入广告公司和外企顾问公司工作，并且还在商业领域出版多本著作，在培训机构当讲师授课。他从未在课堂上学过专业商务知识，却可以跨领域取得成功，这都因为他独创的自学阅读法。

作者认为商务人士需要阅读的书只有两大类，一类是商务书，能够帮助我们掌握基础知识，另一类则是通识类书籍，帮助我们塑造个性，两者相结合才能提升商务领域的知识生产性。然而，这两类书需要阅读的著作和方法却截然不同。在本书中，作者针对这两类书详细讲述了应该阅读哪些经典著作，以及每类书的阅读技巧，让我们在一开始就选中能够对我们有极大帮助的书，并且在读后能够让书中的知识在工作和生活中发挥最大的作用。这样我们才能够成为一名有价值的知识生产者。书中更有作者精心总结的"商务书曼陀罗"，让处于不同职场立场的读者能够精准获取核心信息，在职场中获得更伟大的成果。

服务热线：133-6631-2326　188-1142-1266

服务信箱：reader@hinabook.com

2020年12月

后浪出版公司

图书在版编目(CIP)数据

阅读变现 / (日) 山口周著；董纾含译. — 广州：
广东旅游出版社, 2021.7 (2021.12 重印)
ISBN 978-7-5570-2484-0

Ⅰ.①阅… Ⅱ.①山… ②董… Ⅲ.①读书方法
Ⅳ.① G792

中国版本图书馆 CIP 数据核字 (2021) 第 094290 号

GAISHIKEI CONSARU GA OSHIERU DOKUSHO WO SHIGOTO NI TSUNAGERU GIJYUTSU
© Shu Yamaguchi 2015
First published in Japan in 2015 by KADOKAWA CORPORATION, Tokyo. Simplified Chinese translation rights arranged with KADOKAWA CORPORATION, Tokyo through BARDON-CHINESE MEDIA AGENCY.

图字：19-2021-171 号

出 版 人：刘志松	选题策划：后浪出版公司
著　　者：[日]山口周	译　　者：董纾含
出版统筹：吴兴元	
责任编辑：方银萍　蔡筠	编辑统筹：王頔
装帧设计：墨白空间	封面设计：李国圣
特约编辑：李雪梅	责任校对：李瑞苑
责任技编：冼志良	营销推广：ONEBOOK

阅读变现
YUEDU BIANXIAN

广东旅游出版社出版

(广州市荔湾区沙面北街71号首、二层)
邮编：510130
印刷：北京天宇万达印刷有限公司　　开本：889毫米×1194毫米　32开
字数：117.5 千字　　　　　　　　　　印张：6.5
版次：2021 年 12 月第 1 版第 2 次印刷　定价：36.00 元

后浪出版咨询(北京)有限责任公司　版权所有，侵权必究
投诉信箱：copyright@hinabook.com　　fawu@hinabook.com
未经许可，不得以任何方式复制或抄袭本书部分或全部内容
本书若有印、装质量问题，请与本公司联系调换。电话：010-64072833